LINGÜÍSTICA
para todos

R. L. Trask y Bill Mayblin

Editado por Richard Appignanesi

PAIDÓS

Barcelona
Buenos Aires
México

Título original: *Introducing Linguistics*
Publicado en inglés, en 2005, por Icon Books Ltd., Royston, R.U.

Traducción de Pablo Hermida Lazcano

© 2000 R. L. Trask (texto)
© 2000 Bill Mayblin (ilustraciones)
© 2006 de la traducción, Pablo Hermida Lazcano
© 2006 de todas las ediciones en castellano,
  Ediciones Paidós Ibérica, S.A.,
  Mariano Cubí, 92 - 08021 Barcelona
  http://www.paidos.com

ISBN-13: 978-84-493-1919-8
ISBN-10: 84-493-1919-6
Depósito legal: B-21.771/2006

Impreso en Novagràfik, S.L.
Vivaldi, 5 - 08110 Montcada i Reixac (Barcelona)

Impreso en España - Printed in Spain

Una breve historia de la lingüística

Probablemente los seres humanos llevemos hablando desde que existimos, pero hace sólo unos 3.000 años que alguien comenzó a sentir curiosidad por el lenguaje y empezó a estudiarlo. Esto sucedió de forma independiente en dos lugares.

EL ANÁLISIS GRAMATICAL SE DESARROLLÓ MUY PRONTO EN LA ANTIGUA INDIA.

TAMBIÉN LOS ANTIGUOS GRIEGOS DESCRIBIERON LA GRAMÁTICA.

Podemos comenzar con un ejemplo de la tradición india.

Un lingüista indio

No conocemos la vida de Pāṇini (h. siglo v a.C.), pero su obra, el *Astādhayāyī*, es una culminación de estudios precedentes de fonología y gramática.

La aproximación de Pāṇini a la gramática requiere empezar pegando en orden los fragmentos de palabras. Luego deben aplicarse reglas para transformar estas secuencias en las formas superficiales correctas. Pāṇini estudió el sánscrito, pero podemos ilustrar perfectamente su método con el inglés. Consideremos el verbo

penetrate [penetrar]

y el correspondiente adjetivo

impenetrable [impenetrable]

que significa «que no se puede penetrar». Éste consta del prefijo negativo

in – (como en *insane* [*loco*]),

la raíz **penetrate**

y el sufijo – **ble**

Así pues, de entrada tenemos

in-penetrate-ble

Ahora necesitamos algunas reglas, que afectarán a la pronunciación, no necesariamente a la ortografía.

Primera, si una raíz verbal termina en *–ate* seguida inmediatamente de otra consonante (como *b*), omítase la *t* de la raíz verbal.

Segunda, si tenemos ahora un sonido de **A** larga seguido del sufijo *–ble*, cámbiese esta **A** larga por la vocal débil que encontramos en la última sílaba de *circus* [*circo*] y *carrot* [*zanahoria*].

Tercera, si una *n* va inmediatamente seguida de una consonante pronunciada con los labios, como la *b*, cámbiese la *n* por una *m*.

Estas reglas producen el resultado requerido:

impenetrable

¡YO HARÉ ALGO PARECIDO... PERO MUCHÍSIMO DESPUÉS!

El estilo formal de análisis fonológico de Pāṇini precede en dos mil años al enfoque de Noam Chomsky de la década de 1960, y de hecho Chomsky ha reconocido su deuda con el gramático indio.

5

Los orígenes griegos de la lingüística

Aunque la tradición india fue con mucho la más sofisticada de las dos, los fundadores de la tradición europea fueron los griegos.

El gran erudito griego Aristóteles (384-322 a.C.) dio el primer paso.

*DIVIDÍ LA ORACIÓN EN DOS PARTES LLAMADAS **SUJETO** Y **PREDICADO**.*

El verbo griego **leípō**, «dejar», como cualquier verbo griego, tiene más de trescientas formas distintas.

leípein dejar

leípōn dejando

leípsein ir a dejar

leípsōn yendo a dejar

lipein haber dejado

leípō yo dejo

leípeis tú dejas

leípei él/ella deja

leípomen nosotros dejamos

leípete vosotros dejáis

leípousi ellos/ellas dejan

leípō (que) yo deje

leípoimi ojalá deje

leípsō yo dejaré

leípsoimi yo dejaría

élipon yo dejé

lipō (que) yo deje

lipoimi yo hubiera dejado

léloipa yo he dejado

eleloipē yo había dejado

leípomai yo permanezco

SUJETO:	PREDICADO:
El rey de Persia	condujo hasta Grecia un enorme ejército.

Aristóteles no fue más allá, pero esta división sigue hoy vigente como parte fundamental del análisis de las oraciones.

leípomai yo permaneceré

elipómēn yo permanecí

léleimmai yo he permanecido

leiphthḗsomai yo seré dejado

elíphthen yo fui dejado

6

Gramática o partes del discurso

La obra griega culminó en los escritos de Apolonio Díscolo (110-175 d.C.) y Dionisio Tracio (siglos II y I a.C.). Fue Tracio quien creó la primera gramática completa del griego, que hoy sólo perdura en parte. El griego antiguo era una lengua en la que la mayoría de las palabras admitían una infinidad de terminaciones diferentes con valor gramatical.

Observando el comportamiento de las palabras griegas, y especialmente estas terminaciones, Tracio concluyó que los términos griegos pertenecían a ocho clases, que denominamos *partes del discurso*.

MIS CLASES ERAN **NOMBRES, VERBOS, ARTÍCULOS, PRONOMBRES, PREPOSICIONES, CONJUNCIONES, ADVERBIOS** *Y* **PARTICIPIOS**.

La descripción del griego de Tracio llegaría a ser la base de toda descripción gramatical en Europa hasta bien entrado el siglo XX, si bien sus ocho clases se modificarían más adelante.

7

Gramática latina

Tras la conquista romana de Grecia mediado el siglo II a.C., los eruditos romanos aprendieron de las obras griegas y comenzaron a aplicar el mismo análisis a su propio idioma, el latín.

ESTA IMITACIÓN NO RESULTÓ DEMASIADO MAL, PORQUE LA ESTRUCTURA DEL LATÍN ERA BASTANTE SIMILAR A LA DEL GRIEGO.

amicus bonus un buen amigo

amici boni de un buen amigo

amico bono a un buen amigo

amicum bonum un buen amigo (objeto)

amico bono (por/con/de) un buen amigo

amici boni buenos amigos

amicorum bonorum de buenos amigos

amicis bonis a buenos amigos

amicos bonos buenos amigos (objeto)

amicis bonis (por/con/de) buenos amigos

La tradición grecolatina acabó sintetizándose en la obra del gramático romano más influyente, Prisciano, que escribió en el siglo VI d.C. La descripción que hizo Prisciano del latín la encontramos aún hoy en la mayoría de los manuales escolares.

Cuando los europeos comenzaron por fin a interesarse por describir sus idiomas, en los siglos XIV y XV, por lo general trataron de imponer a sus propias lenguas la descripción del latín de Prisciano.

Gramática tradicional

No obstante, esta *gramática grecorromana tradicional* se viene enseñando hasta nuestros días en las escuelas europeas.

Aunque, en los países anglófonos, la enseñanza de la gramática inglesa fue bastante discontinua en la década de 1960...

POR CONSIDERAR QUE LA GRAMÁTICA ERA DEMASIADO ABURRIDA PARA CAPTAR LA ATENCIÓN DE LOS ALUMNOS.

El pronombre conjuntivo «who» [que] introduce una cláusula adverbial cuando sustituye una conjunción subordinante.

La gramática de Port-Royal

Los eruditos franceses del siglo XVII, conocidos como el Círculo de Port-Royal, elaboraron una gramática «universal» del francés sumamente original, en buena medida liberada de la tradición prisciánica. He aquí un ejemplo típico de sus análisis.

El Dios invisible creó el mundo visible.

Esta oración se analiza como...

Dios, que es invisible, creó el mundo, que es visible

...que se descompone a su vez en las tres proposiciones...

Dios es invisible

Dios creó el mundo

El mundo es visible

ESTE ANÁLISIS ES SORPRENDENTEMENTE SIMILAR A MI PRIMERA VERSIÓN DE LA **GRAMÁTICA TRANSFORMACIONAL** EN LA DÉCADA DE 1950.

N. Chomsky

El polifacético alemán Wilhelm von Humboldt (1767-1835), hermano del célebre explorador Alexander von Humboldt, intentó desarrollar asimismo un enfoque universalista y filosófico para el estudio de las lenguas.

El rasgo fundamental del lenguaje es que los hablantes pueden hacer un uso infinito de los recursos finitos que proporciona su idioma. Aunque la capacidad lingüística es universal, la singularidad de cada lengua es una propiedad de la gente que la habla. Cada idioma posee su *innere Sprachform*, o estructura interna, que determina su forma externa y que refleja la mente de sus hablantes. La lengua y el pensamiento de un pueblo son, pues, inseparables.

EL HABLA DE UN PUEBLO ES SU ESPÍRITU, Y SU ESPÍRITU ES SU HABLA.

Aunque la obra de Humboldt suscitó mucha atención, tampoco logró establecer una tradición continuada.

Lingüística histórica

Hacia finales del siglo XVIII, los lingüistas europeos comenzaron a percatarse de que ciertas lenguas exhibían semejanzas sistemáticas tan asombrosas que debían derivarse de un antepasado común, del cual habrían divergido a través de una larga serie de cambios. Estudiosos como Franz Bopp (1791-1867), Rasmus Rask (1787-1832) y Jakob Grimm (1785-1863) fueron capaces de mostrar que casi todas las lenguas europeas y muchas lenguas asiáticas se hallaban relacionadas de esta manera.

*ESTA FAMILIA DE LENGUAS, LLAMADA FAMILIA **INDOEUROPEA**, DESCIENDE EN ÚLTIMA INSTANCIA DE UN ANTEPASADO REMOTO...*

A raíz de estos sorprendentes descubrimientos, el estudio del cambio lingüístico y de la prehistoria de las lenguas, denominado *lingüística histórica*, llegó a ser con creces el modo más importante de estudiar las lenguas, quedando temporalmente postergados otros enfoques.

*QUE DENOMINAMOS **PROTOINDOEUROPEO**.*

Jakob Grimm

Rasmus Rask

Franz Bopp

He aquí un ejemplo del tipo de correspondencia sistemática que atrajo pronto la atención. Obsérvense las consonantes iniciales.

Inglés	Latín	Griego
fish	piscis	(ikhthys)
father	pater	pater
foot	ped-	pod-
for	pro	para
six	sex	hexa
seven	septem	hepta
sweet	suavis	hedys
salt	sal	hal
new	novus	neos
night	noct-	nykt-
nine	novem	(en)nea

Los orígenes de la lingüística general

Sólo hacia finales del siglo XIX empezó a reafirmarse el estudio no histórico de la estructura de la lengua. Pioneros como el alemán Georg von der Gabelentz (1840-1893) y los polacos Jan Baudouin de Courtenay (1845-1929) y Mikołai Kruszewski (1851-1887) publicaron importantes observaciones sobre la estructura verbal y la estructura fónica de las lenguas.

Este tipo de trabajos es lo que hoy denominamos *lingüística general*: el estudio de la formación y el funcionamiento de las lenguas.

Ferdinand de Saussure

Pero el personaje más influyente en el desarrollo de la lingüística general trabajaba en una relativa oscuridad en la ciudad suiza de Ginebra. Ferdinand de Saussure (1857-1913) había estudiado lingüística histórica y, de hecho, había realizado importantes contribuciones para la comprensión del protoindoeuropeo. Saussure aplicó la técnica de reconstrucción interna al protoindoeuropeo (PIE) para explicar ciertas irregularidades en las formas de algunas raíces. La mayoría de las raíces del PIE son de la forma *CeC-*, donde *C* significa «cualquier consonante». Por ejemplo...

b^hel-	«brillar»
b^her-	«llevar»
gel-	«dar forma de bola»
kwel-	«girar»
meg-	«grande»
mel-	«blando»
neb^h-	«nube»
ped-	«pie»
reg-	«ir recto»
sed-	«sentarse»

ag-	«dirigir»
ak-	«agudo»
d^he:-	«poner»
do:-	«dar»
ed-	«comer»
es-	«ser»
ma:-	«bueno»
od-	«oler»
se:-	«sembrar»

PERO ALGUNAS SON DIFERENTES. LA VOCAL ES *A* U *O* EN LUGAR DE *E*. FALTA LA PRIMERA CONSONANTE O LA ÚLTIMA. Y, CUANDO FALTA LA ÚLTIMA CONSONANTE, LA VOCAL ES LARGA (INDICADA CON DOS PUNTOS).

Según Saussure estas raíces irregulares habían sido antaño perfectamente regulares, pero contenían consonantes que habían desaparecido. Estas consonantes las llamamos hoy *laringales*.

El curso de lingüística general de Saussure

La mayoría de la gente reduce la lengua a una lista de términos que se corresponden con una lista de cosas. Por ejemplo, en latín...

EQUUS

ARBOR

UN SIGNO LINGÜÍSTICO NO ES LA CONEXIÓN ENTRE UNA COSA Y UN NOMBRE, SINO ENTRE UN CONCEPTO Y UNA IMAGEN ACÚSTICA. LA IMAGEN ACÚSTICA NO ES REALMENTE UN SONIDO, PUES UN SONIDO ES ALGO FÍSICO. UNA IMAGEN ACÚSTICA ES LA IMPRESIÓN PSICOLÓGICA QUE EL OYENTE TIENE DE UN SONIDO.

A comienzos del siglo XX, Saussure empezó a dar clases de lingüística general en la Universidad de Ginebra. Sus originales ideas conquistaron la imaginación de sus alumnos. Saussure murió sin publicarlas.

PERO NOSOTROS RECOPILAMOS Y EDITAMOS NUESTROS APUNTES DE CLASE Y PUBLICAMOS, EN 1916, UN VOLUMEN FIRMADO POR SAUSSURE...

...el hoy célebre *Curso*.

El estructuralismo de Saussure

Antes de Saussure, la mayoría de los lingüistas habían adoptado un enfoque *atomista* de la estructura de la lengua. Es decir, percibían una lengua ante todo como un conjunto de objetos, tales como sonidos, palabras y terminaciones gramaticales.

YO SOSTENÍA, EN CAMBIO, QUE ES PREFERIBLE CONCEBIR UNA LENGUA COMO UN **SISTEMA ESTRUCTURADO** DE ELEMENTOS, DONDE EL LUGAR DE CADA ELEMENTO VIENE DEFINIDO PRINCIPALMENTE POR SU **RELACIÓN** CON OTROS ELEMENTOS.

MÍ [ME]

MI [MY]

Este nuevo enfoque se bautizaría pronto como *estructuralismo* y, desde la obra de Saussure, casi todo el trabajo relevante sobre las lenguas ha sido estructuralista en este sentido.

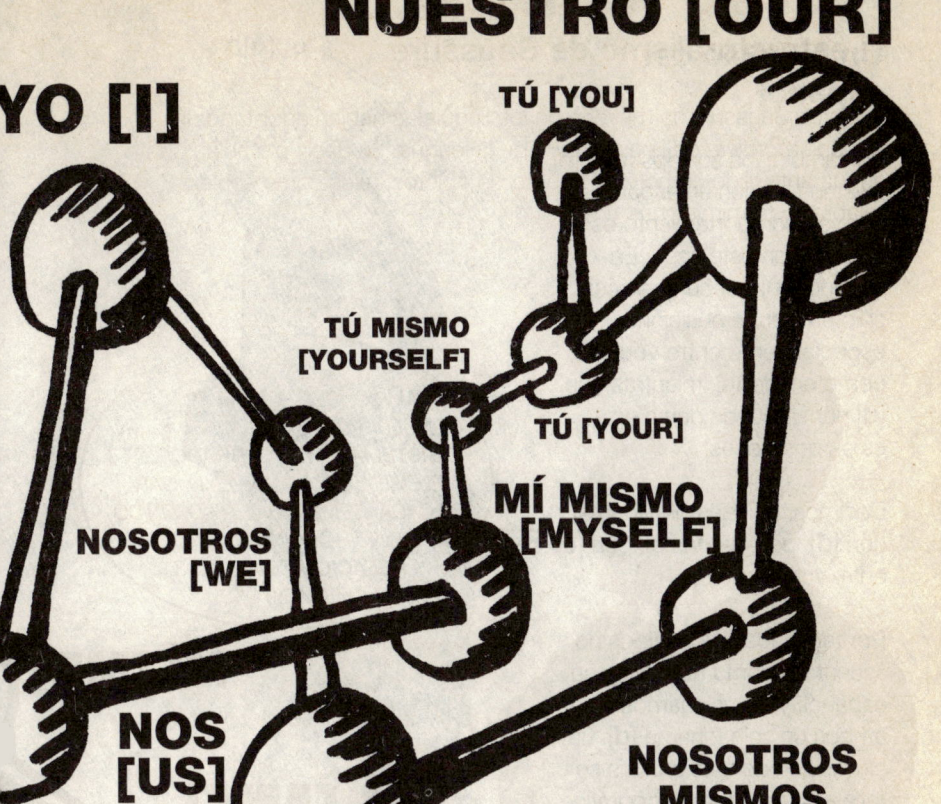

NUESTRO [OUR]

YO [I]

TÚ [YOU]

TÚ MISMO [YOURSELF]

TÚ [YOUR]

MÍ MISMO [MYSELF]

NOSOTROS [WE]

NOS [US]

NOSOTROS MISMOS [OURSELVES]

Un ejemplo del inglés

Veamos un ejemplo de análisis estructuralista. Entre los sonidos que hallamos en inglés figuran dos que representamos como [d] y como [ð].

El sonido [d] aparece al comienzo de la palabra *den* [*guarida*], mientras que el sonido [ð] aparece al comienzo de la palabra *then* [*entonces*].

Como ambos términos son, por lo demás, idénticos en pronunciación, y como poseen un significado diferente, podemos concluir que estos dos sonidos «cuentan» como diferentes en inglés. Es decir, funcionan como dos unidades estructurales diferentes a la hora de construir palabras inglesas. Por tanto, decimos que [d] y [ð] corresponden en inglés a dos unidades estructurales diferentes o *fonemas*, que representamos como /d/ y /ð/, de suerte que *den* y *then* se representan fonéticamente como /den/ y /ðen/.

Un ejemplo del español

En cambio, los sonidos [d] y [ð] existen también en español, pero su comportamiento es diferente en este caso. En español, [ð] puede aparecer sólo en ciertas posiciones, especialmente entre vocales, como en [deðo], mientras que [d] nunca puede darse en estas posiciones.

Decimos, por ejemplo, [dama], con [d], pero [la ðama], con [ð] entre vocales.

Por tanto, los dos sonidos no «cuentan» como diferentes en español, y les asignamos a ambos un solo fonema [d]. La corrección de este análisis se refleja en el sistema ortográfico español, que escribe *dedo*, *dama* y *la dama*.

de[ð]o

[d]ama

pero

la [ð]ama

20

Así pues, tanto el inglés como el español poseen los sonidos [d] y [ð], pero la relación estructural entre éstos difiere en ambas lenguas; y, en un enfoque estructuralista, lo que importa es la *relación estructural*, no los hechos fonéticos concretos.

EXISTO EN ESPAÑOL Y EN INGLÉS, PERO SÓLO «CUENTO» EN INGLÉS.

Hoy, casi todo el trabajo en lingüística es estructuralista en el sentido de la lingüística general de Saussure. Desde las reglas de pronunciación hasta la estructura de las conversaciones, los lingüistas ven una lengua como un sistema ordenado, o mejor, un sistema de sistemas, de los que forman parte todos los fenómenos lingüísticos.

Estructuras sincrónicas y diacrónicas

Otro aspecto de la obra de Saussure es su énfasis en dos aproximaciones muy diferentes al estudio de la lengua: un enfoque *sincrónico*, en el que nos centramos en la estructura de una lengua en un momento concreto (no necesariamente el presente), y un enfoque *diacrónico*, en el que atendemos al desarrollo de una lengua a lo largo del tiempo.

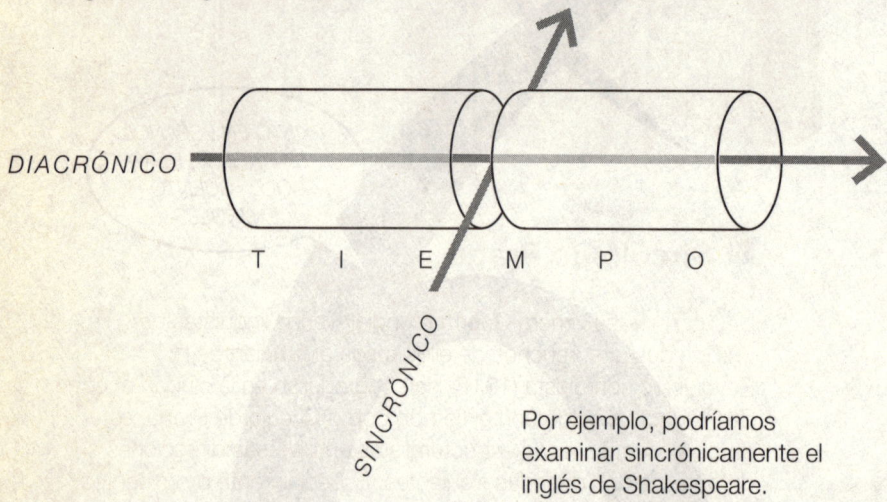

DIACRÓNICO

T I E M P O

SINCRÓNICO

Por ejemplo, podríamos examinar sincrónicamente el inglés de Shakespeare.

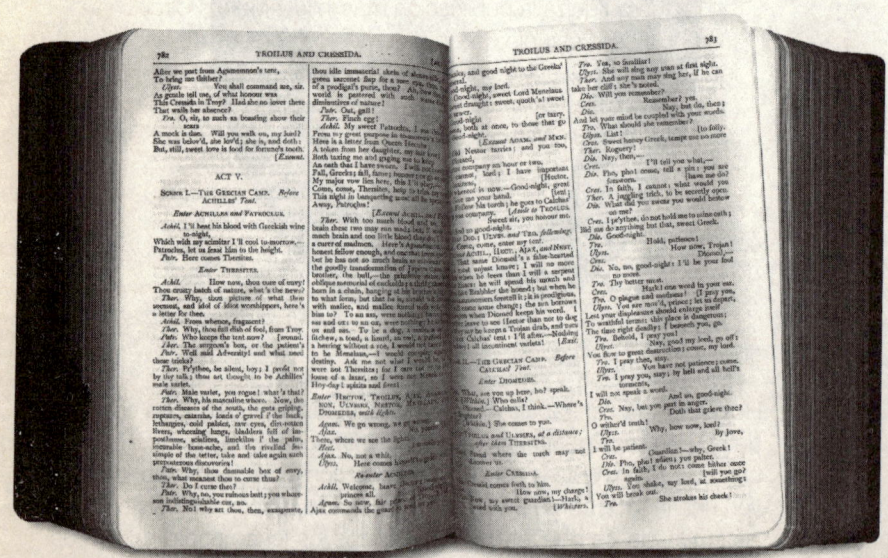

O podríamos examinarlo diacrónicamente, como un estadio en el desarrollo del inglés medieval hacia el inglés moderno.

El Círculo de Praga

Después de la Primera Guerra Mundial, varios lingüistas de Europa del Este, muchos de ellos rusos que huían de la Revolución comunista (1917), se congregaron en la ciudad checa de Praga. Conocido con el tiempo como Círculo de Praga, este grupo desarrolló ideas estructuralistas en diversas direcciones durante las dos décadas siguientes. Especialmente prominentes fueron Nikolai Trubetzkoy (1890-1938) y Roman Jakobson (1896-1982). Los *Principios de fonología* de Trubetzkoy, publicados en 1939, fueron quizá la publicación más influyente del Círculo (la fonología es el estudio de los sistemas de sonidos de las lenguas). Pero la anexión nazi de Checoslovaquia en 1938 provocó la dispersión del grupo: Trubetzkoy murió y Jakobson huyó, llegando finalmente a Estados Unidos.

La fonología de Trubetzkoy

Veamos un ejemplo del análisis fonológico de Trubetzkoy tomado de su libro.

> El carácter específico de una oposición fonológica radica en que ésta sea una *oposición distintiva de sonido...* El carácter distintivo presupone el concepto de oposición. Una cosa sólo puede distinguirse de otra cosa en la medida en que se contraste con otra cosa o se oponga a ella.

Por ejemplo, la palabra **caught** [*cogido*] se pronuncia más o menos igual en los acentos estadounidenses y canadienses. Sin embargo, en la mayoría de los acentos estadounidenses, **caught** se pronuncia distinto de **cot** [*cuna*], mientras en los acentos canadienses la pronunciación de **caught** y **cot** es idéntica.

ASÍ PUES, LOS ACENTOS ESTADOUNIDENSES DISTINGUEN ENTRE **DOS VOCALES** OPUESTAS.

MIENTRAS QUE LOS ACENTOS CANADIENSES, NO.

LO IMPORTANTE ES SI SE HACE LA DISTINCIÓN, NO LAS PRONUNCIACIONES MISMAS.

El trabajo de Jakobson en lingüística

Veamos ahora un ejemplo del análisis lingüístico de Jakobson en su famoso artículo sobre la adquisición del lenguaje en el niño y el grado de universalidad de los sonidos del habla.

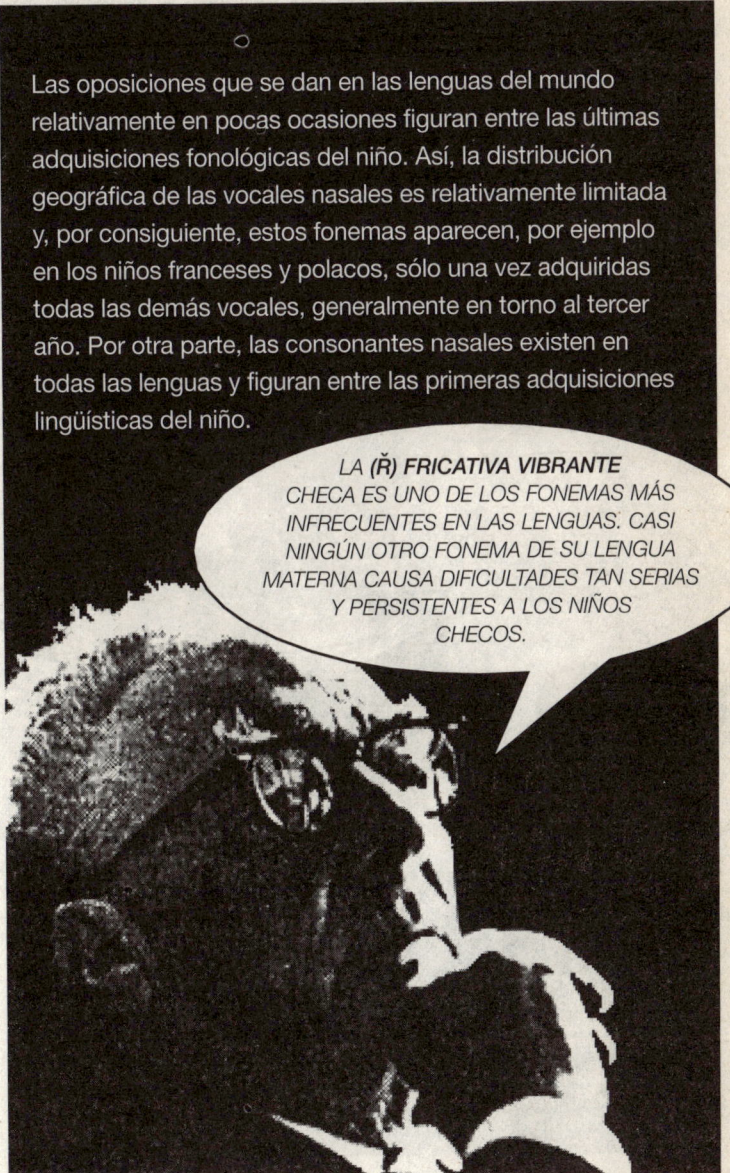

Las oposiciones que se dan en las lenguas del mundo relativamente en pocas ocasiones figuran entre las últimas adquisiciones fonológicas del niño. Así, la distribución geográfica de las vocales nasales es relativamente limitada y, por consiguiente, estos fonemas aparecen, por ejemplo en los niños franceses y polacos, sólo una vez adquiridas todas las demás vocales, generalmente en torno al tercer año. Por otra parte, las consonantes nasales existen en todas las lenguas y figuran entre las primeras adquisiciones lingüísticas del niño.

LA (Ř) FRICATIVA VIBRANTE CHECA ES UNO DE LOS FONEMAS MÁS INFRECUENTES EN LAS LENGUAS. CASI NINGÚN OTRO FONEMA DE SU LENGUA MATERNA CAUSA DIFICULTADES TAN SERIAS Y PERSISTENTES A LOS NIÑOS CHECOS.

Jakobson y la semiótica

Jakobson es una figura clave en el desarrollo de la *semiótica* a partir de la lingüística. Su itinerario de exilio desde Rusia hasta Estados Unidos conecta ambas tradiciones. La lingüística suministra el modelo para analizar la lengua como un sistema estructurado que «produce significados». La semiótica intenta extender este enfoque a otros sistemas *no lingüísticos*, es decir, a todos los aspectos de la experiencia social que puedan analizarse como sistemas estructurados de *signos*. Éstos pueden incluir los códigos de circulación, las sinfonías o la arquitectura y, en el ambicioso proyecto de la biosemiótica, el entorno evolutivo de los organismos.

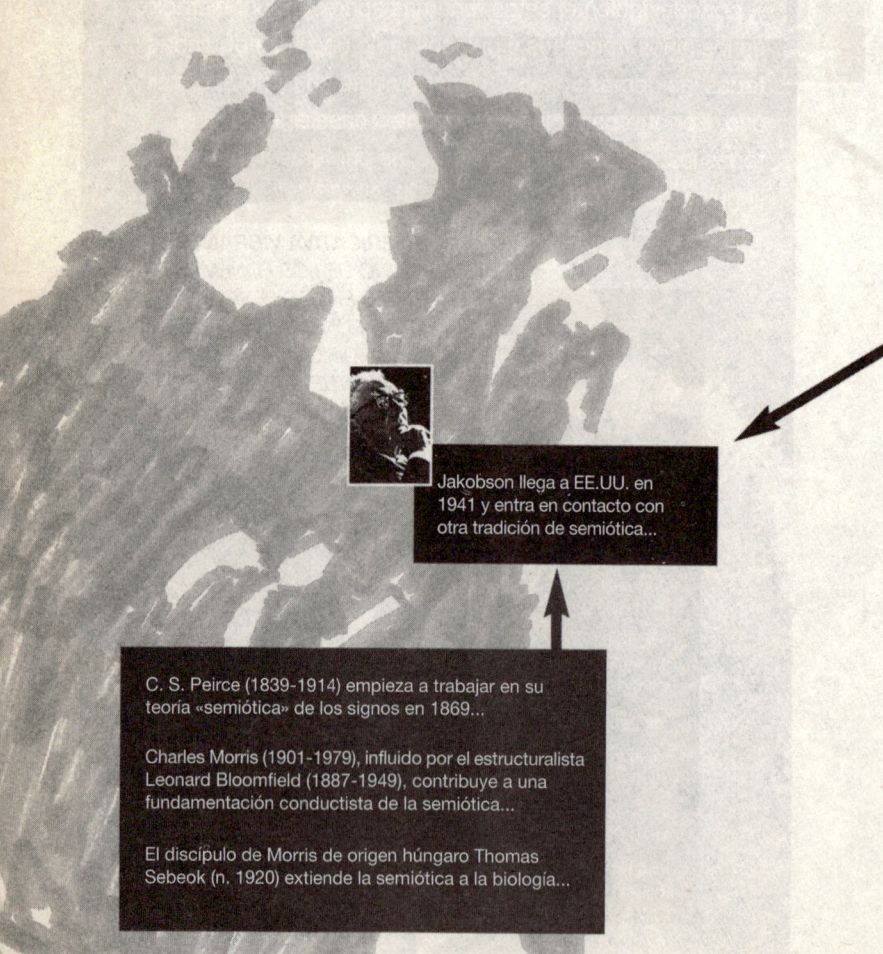

Jakobson llega a EE.UU. en 1941 y entra en contacto con otra tradición de semiótica...

C. S. Peirce (1839-1914) empieza a trabajar en su teoría «semiótica» de los signos en 1869...

Charles Morris (1901-1979), influido por el estructuralista Leonard Bloomfield (1887-1949), contribuye a una fundamentación conductista de la semiótica...

El discípulo de Morris de origen húngaro Thomas Sebeok (n. 1920) extiende la semiótica a la biología...

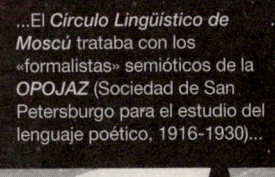

...El *Círculo Lingüístico de Moscú* trataba con los «formalistas» semióticos de la *OPOJAZ* (Sociedad de San Petersburgo para el estudio del lenguaje poético, 1916-1930)...

...la *semiología* influyó en el Círculo Lingüístico de Moscú (1915-1921) encabezado por el joven Jakobson...

Jakobson contribuye a fundar el *Círculo de Praga* (1920)...

Saussure anuncia un «estudio general de los signos» *(semiología)*...

Influencia de Saussure/Jakobson en el *estructuralismo* francés, décadas de 1950 y 1960.

Sistemas de signos en

antropología:
Claude Lévi-Strauss
(n. 1908)

psicología:
Jacques Lacan
(1901-1981)

historia:
Michel Foucault
(1926-1984)

Postestructuralismo

Roland Barthes
(1915-1980)

Jacques Derrida
(1930-2004)

Julia Kristeva
(n. 1941)

La lingüística se puede cultivar y se cultiva con independencia de la semiótica. Pero la semiótica es inimaginable sin la lingüística.

Los orígenes de la lingüística estadounidense

Por la época en que Saussure daba sus clases, el antropólogo germano-estadounidense Franz Boas (1858-1942) estudiaba las culturas indígenas americanas en vías de desaparición. Boas no tardó en percatarse de que la investigación adecuada de estas culturas requería el conocimiento de sus lenguas. Combatió el prejuicio común de la íntima imbricación entre la raza, la cultura y la lengua. El ejemplo que adujo fue el de las familias lingüísticas athapaskan.

LOS HABLANTES DE LENGUAS DE LA FAMILIA ATHAPASKAN VIVEN EN EL NOROESTE DE AMÉRICA, EN PEQUEÑAS TRIBUS EN CALIFORNIA Y EN GRAN NÚMERO EN ARIZONA Y NUEVO MÉXICO...

ESTOS HABLANTES ATHAPASKAN DIFIEREN FUNDAMENTALMENTE EN SUS TIPOS «RACIALES» FÍSICOS Y SUS CULTURAS SON TAMBIÉN DISTINTAS.

Difusión de la familia de lenguas athapaskan

El influjo de Boas llevó a una generación de antropólogos estadounidenses a aprender las lenguas indígenas y a publicar meticulosas descripciones.

La lingüística general de Sapir

El discípulo más célebre de Boas fue otro germano-estadounidense, Edward Sapir (1884-1939). Sapir llegó a la lingüística con una sólida formación en música, arte y literatura, por lo que abordó la lengua desde una perspectiva general y humana. Estaba sumamente interesado en desvelar posibles relaciones entre lengua y cultura.

«WHOM DID YOU SEE?» [«¿A QUIÉN VISTE?»] ES LA FORMA CORRECTA. PERO LA NATURAL ES «¿WHO DID YOU SEE?» [«¿QUIÉN VISTE?»]

EL HABLA POPULAR INCONTROLADA NOS INFORMARÁ POR ANTICIPADO DE LAS TENDENCIAS LINGÜÍSTICAS GENERALES.

«WHOM» LLEGARÁ A SER TAN ARCAICO COMO EL «HIS» ISABELINO PARA DECIR «ITS».

El libro clásico de Sapir, *El lenguaje*, de 1921, primer manual de lingüística general en lengua inglesa, fundó una tradición de estudios del lenguaje humano que aún continúa.

La hipótesis de Sapir-Whorf

El discípulo más célebre de Sapir, un antiguo inspector de seguros contra incendios llamado Benjamin Lee Whorf (1897-1941), heredó los intereses de su maestro y realizó una serie de investigaciones sobre las lenguas indígenas estadounidenses y canadienses. Señalando diferencias asombrosas en la forma en que clasifican el mundo las distintas lenguas, Whorf formuló un argumento cultural.

LA ESTRUCTURA DE NUESTRA LENGUA DEBE DETERMINAR, EN CIERTA MEDIDA, NUESTRO MODO DE PERCIBIR EL MUNDO.

Esta idea, conocida como la *hipótesis de Sapir-Whorf* o también la *hipótesis de la relatividad lingüística*, fascina desde entonces a lingüistas, antropólogos y psicólogos, aunque mucho se ha debatido acerca de su grado de validez.

SWAHILI

INGLÉS

URDU

Este amplio vocabulario permite a los hablantes del navajo referirse con facilidad a disposiciones geométricas que exigirían largas descripciones en inglés.

PERO LA SUGERENCIA IMPORTANTE ES QUE LOS HABLANTES DEL NAVAJO PERCIBEN REALMENTE EL MUNDO DE DISTINTO MODO QUE LOS ANGLÓFONOS.

NOSOTROS LO PERCIBIMOS EN LOS TÉRMINOS GEOMÉTRICOS NATURALMENTE PROVISTOS POR NUESTRA LENGUA.

Llama la atención que los topónimos del navajo son de naturaleza abrumadoramente geométrica. Por ejemplo, una sorprendente formación rocosa de Arizona se llama en navajo *Tsé Áhé'iiáhá*.

ESTO SIGNIFICA *«DOS ROCAS QUE SE ALZAN VERTICALMENTE EN PARALELO Y GUARDAN UNA RELACIÓN VERTICAL».*

NOSOTROS LAS LLAMAMOS SIMPLEMENTE *«PIES DE ELEFANTE»*.

Esto sugiere que los anglófonos ven objetos que se asemejan a otros objetos, en tanto que los hablantes del navajo ven relaciones geométricas. La cuestión sigue siendo controvertida en nuestros días.

Un pionero del estructuralismo estadounidense

Otro lingüista estaba alejando la lingüística estadounidense de sus dimensiones antropológicas y culturales, para centrarse más en la estructura de la lengua. Pese a su especialización en las lenguas germánicas europeas, Leonard Bloomfield (1887-1949) se dio a conocer al demostrar que las técnicas de la lingüística histórica, aplicadas ya con tanto éxito a las lenguas europeas y asiáticas,...

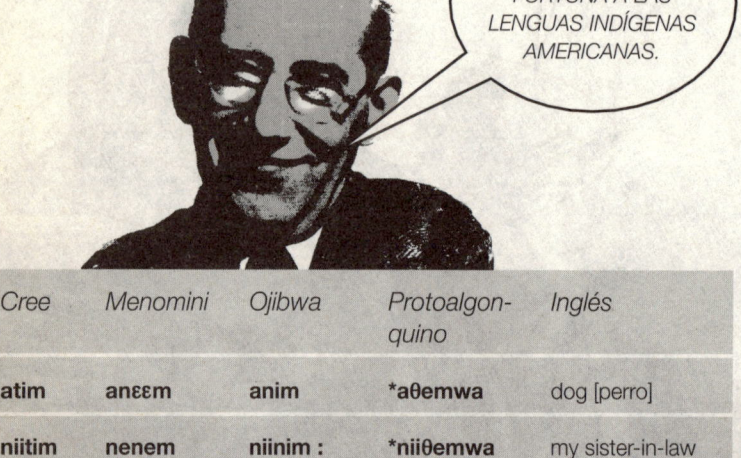

> ...PODÍAN APLICARSE CON IGUAL FORTUNA A LAS LENGUAS INDÍGENAS AMERICANAS.

Cree	Menomini	Ojibwa	Protoalgon-quino	Inglés
atim	**anɛɛm**	**anim**	***aθemwa**	dog [perro]
niitim	**nenem**	**niinim :**	***niiθemwa**	my sister-in-law [mi cuñada]
kaateew	**kianɛɛw**	**kaanaat**	***kyaaθeewa**	he hides him [él le esconde]
atameek	**anaamɛɛk**	(no existe)	***aθameekwa**	dead fish [pez muerto]

Bloomfield llevó a cabo una investigación magistral de la familia de las lenguas algonquinas de Norteamérica, para lo cual fue capaz de reconstruir un antepasado no documentado, el *protoalgonquino*.

Pero Bloomfield se hizo más célebre con su libro de texto de 1933, también titulado *Lenguaje*, en el que presentaba una minuciosa aproximación al análisis estructuralista de las lenguas, mucho más explícita y detallada que el *Curso* de Saussure. Esto se ejemplifica en su tratamiento de la naturaleza gramatical de los sistemas de género.

El sistema de género de los seres animados e inanimados en una lengua algonquina, por ejemplo, incluye entre los animados ciertos seres que para nosotros no están vivos: *piedra*, *pipa*, *frambuesa* (pero no *fresa*), *rodilla* (pero no *codo*).

Las observaciones etnológicas muestran que los hablantes no establecen ninguna distinción relevante (excepto en las formas gramaticales de su lengua).

35

Los estructuralistas posbloomfieldianos

La siguiente generación de lingüistas estadounidenses se inspiró principalmente en Bloomfield. Impacientes con las teorías de sillón de los lingüistas europeos, ansiaban dotar a la lingüística de una sólida base empírica y científica. La lingüística que desarrollaron, el estructuralismo estadounidense, se centraba en los datos empíricos recopilados en el trabajo de campo con las lenguas reales, sobre todo con lenguas poco conocidas sin tradición escrita.

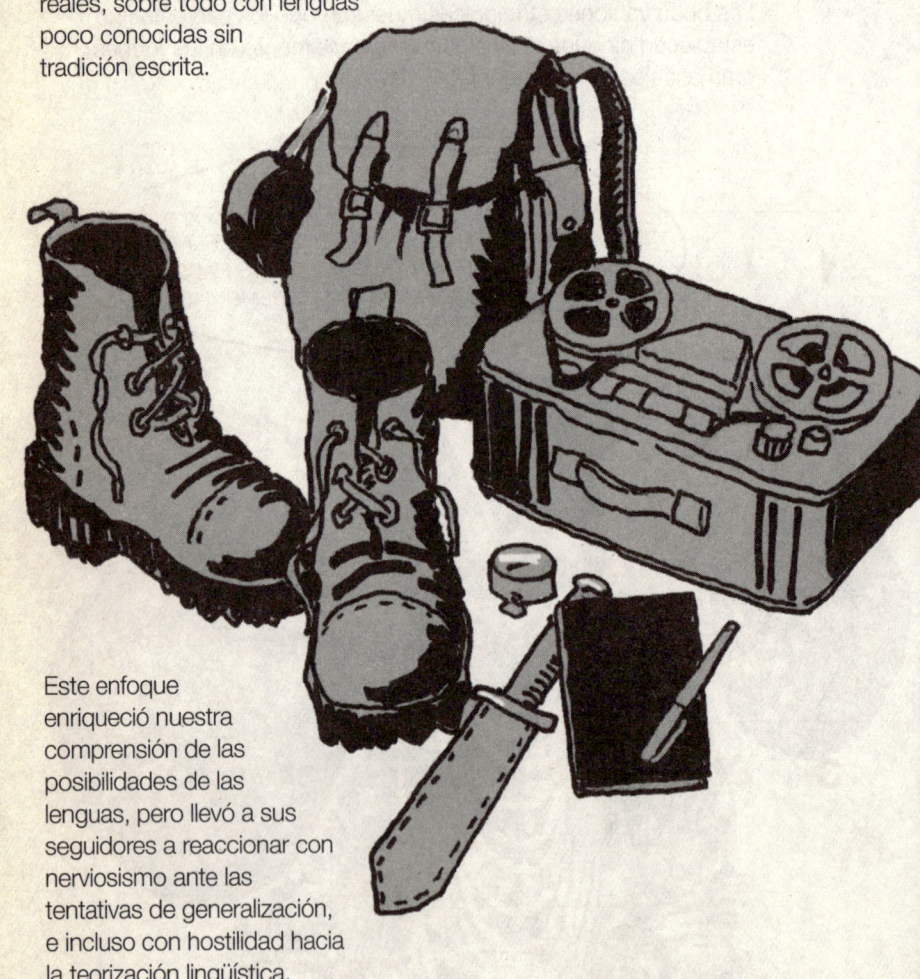

Este enfoque enriqueció nuestra comprensión de las posibilidades de las lenguas, pero llevó a sus seguidores a reaccionar con nerviosismo ante las tentativas de generalización, e incluso con hostilidad hacia la teorización lingüística.

El formalismo de Zellig Harris

En contraste con sus colegas europeos, a los estructuralistas estadounidenses no les interesaban los significados ni las funciones de las palabras y enunciados, sino que preferían centrarse en las formas lingüísticas. Esta preferencia la llevó hasta el extremo un singular lingüista estadounidense, Zellig Harris (1909-1992), cada vez más interesado por una clase de análisis lingüístico sumamente formal, incluso algebraico.

A Harris le interesaba relacionar unas oraciones con otras. Una de sus estrategias consistía en descomponer las oraciones en otras menores. Veamos un ejemplo, que ilustra (a grandes rasgos) cómo puede relacionarse una oración compleja con otra más simple mediante operaciones sucesivas de supresión de elementos:

---

1 **Los discursos que pronuncian**
Art — N — Rel — V

oradores con autoridad son de
N — Prep — N — V — Prep

interés público
N — Adj

---

2 **Discursos que pronuncian**
N — Rel — V

oradores son de interés
N — V — Prep — N

---

3 **Discursos son de interés**
N — V — Prep — N

A la mayoría de sus colegas la obra de Harris les parecía excéntrica y excesiva, pero ejerció un profundo impacto en uno de sus alumnos, un joven llamado Noam Chomsky (n. 1928).

La gramática generativa de Chomsky

En la década de 1950, Chomsky combinó los métodos formalistas de Harris con ciertas ideas de las matemáticas, que había estudiado junto con la lingüística. El resultado fue una aproximación muy novedosa a la descripción y al estudio de la lengua, y especialmente de la estructura oracional (sintaxis).

DENOMINÉ MI ENFOQUE GRAMÁTICA GENERATIVA.

Chomsky presentó sus ideas generativas en una breve obra de 1957, *Estructuras sintácticas*.

¿Qué es la gramática generativa?

Una gramática generativa del castellano, por ejemplo, es un intento de presentar de un modo totalmente explícito y mecánico las reglas que gobiernan la construcción de las oraciones castellanas. Es decir, las reglas de la gramática deben decirnos con exactitud qué podemos considerar una oración gramatical del castellano y excluir todo aquello que no sea una oración castellana.

LA CONSTRUCCIÓN DE UNA GRAMÁTICA GENERATIVA REQUIERE, PUES, QUE FORMULEMOS NUESTRAS REGLAS CON UN GRADO DE EXPLICITACIÓN Y PRECISIÓN JAMÁS ALCANZADO POR NUESTROS PREDECESORES.

Veamos un breve ejemplo de un fragmento de una gramática generativa del castellano.

1. O → SN SV
2. SN → Det N'
3. N' → A N
4. N' → N
5. SV → V SN

Primera regla: «Una oración puede constar de un sintagma nominal seguido de un sintagma verbal». Otras reglas nos dicen cómo puede ser un sintagma nominal y un sintagma verbal. He aquí algunos sintagmas nominales posibles:

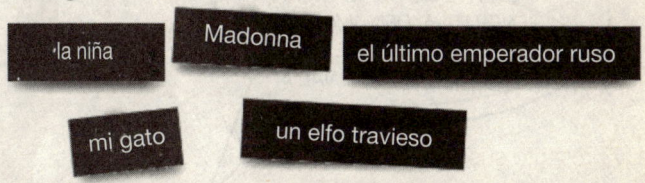

Y aquí tenemos algunos sintagmas verbales posibles:

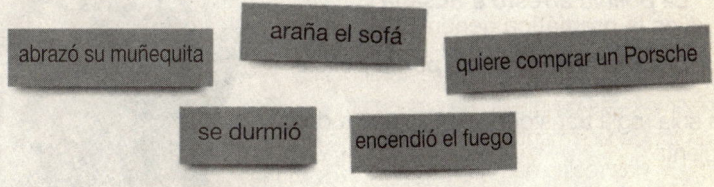

Estas reglas están diseñadas para estipular con precisión lo que puede y lo que no puede ser una oración del castellano. Por ejemplo, permiten cosas como

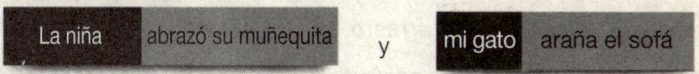

(y también **Madonna araña el sofá** y **Mi gato quiere comprar un Porsche**, por supuesto, pues se trata en efecto de oraciones gramaticales del castellano, si bien algo absurdas).

Pero no permiten cosas como **Ciudad la enemigos destruyeron nuestros** o **La niña su abrazó muñequita**, que son agramaticales en castellano.

Gramática transformacional

Existen muchas clases diferentes de gramática generativa, que cabe definir en función de los tipos de reglas permitidas. La ilustrada en la página anterior es un fragmento de una gramática de estructura sintagmática independiente del contexto, un tipo con el que se trabaja con especial comodidad. Pero el propio Chomsky rechazó esta clase por ser demasiado simple para captar elementos relevantes de las lenguas.

DESARROLLÉ EN SU LUGAR UN TIPO MUCHO MÁS POTENTE DE GRAMÁTICA GENERATIVA, DENOMINADA **GRAMÁTICA TRANSFORMACIONAL** *O* **GT**.

La GT emplea reglas de una enorme potencia. Por ejemplo, para convertir

> *La policía arrestó a Susana*

en

> *Susana fue arrestada por la policía*

una sola regla transformacional hace todo lo siguiente:

Desplazar *la policía* al final de la oración.

Introducir *por* antes de *la policía*.

Desplazar *Susana* al comienzo de la oración.

Introducir *ser* antes del verbo *arrestó*.

Añadir la marca temporal para convertir *ser* en *fue*.

Cambiar el pretérito *arrestó* por el participio *arrestada*.

El programa de Chomsky

La clave de una buena teoría de la gramática radica en su *capacidad* de decirnos lo que resulta posible e imposible en las gramáticas de las lenguas. Chomsky definió en la década de 1950 varias teorías de la gramática y las jerarquizó *en función de su potencia*. Su idea era la siguiente.

*ALGUNAS TEORÍAS DE LA GRAMÁTICA SON **DEMASIADO DÉBILES** Y NO PUEDEN DAR CUENTA DE CIERTOS FENÓMENOS QUE ACAECEN EN LA GRAMÁTICA DE LAS LENGUAS HUMANAS.*

*OTRAS SON **DEMASIADO POTENTES** Y SON CAPACES DE DAR CUENTA DE FENÓMENOS QUE **JAMÁS ACAECEN** EN LAS LENGUAS HUMANAS.*

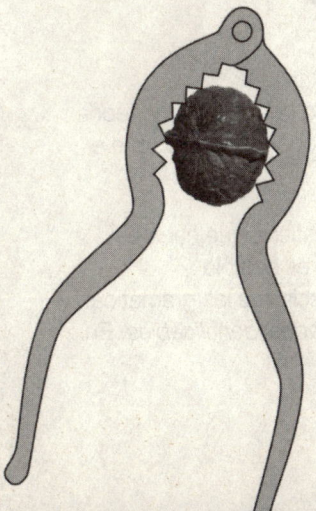

Lo que buscamos es una correspondencia adecuada: una teoría de la gramática capaz de dar cuenta del espectro preciso de propiedades gramaticales halladas en las lenguas humanas. Cuando encontremos semejante teoría, dispondremos de la mejor teoría (o modelo) posible de las gramáticas de las lenguas humanas.

Paradoja del programa de la GT

Chomsky sostenía que su teoría de la *gramática transformacional* (GT) era la que mejor se adecuaba. Pero, en 1969, los lingüistas matemáticos Stanley Peters y Robert Ritchie demostraron que la GT era tan potente que, en principio, podía describir cualquier cosa susceptible de descripción, un resultado poco alentador. Pero ¿qué

hay de *malo* en ello? Que frustra el propósito de toda buena teoría de la gramática, consistente en decirnos lo que resulta **posible** e **imposible** en las lenguas.

En efecto, una teoría demasiado potente sostiene que nada está prohibido en las gramáticas humanas y que es posible absolutamente todo. Esto equivale casi a decir que las gramáticas humanas *carecen por completo de propiedades identificables*. En definitiva, ¡la GT no afirma nada!

El enfoque funcional

Chomsky y sus colegas se han visto forzados a modificar reiteradamente sus ideas a la luz de los datos refractarios. Algunos críticos se vienen preguntando si la empresa generativa se puede llevar a feliz término.

Por estas y otras razones, muchos lingüistas prefieren evitar lo que ven como un formalismo excesivo en favor de enfoques más humanos, centrados de forma más directa en lo que tratamos de hacer cuando hablamos y en cómo lo hacemos.

Uno de estos enfoques, preferido por muchos lingüistas, es el funcional. Estos lingüistas tratan de determinar qué propósitos persigue una lengua y cuáles son las formas lingüísticas disponibles para desempeñar dichas funciones.

Pero ¿qué queremos decir con funciones de la lengua? La mayoría de la gente, si le preguntan para qué sirve la lengua, responde que para comunicarse. Pero esta respuesta es demasiado simple. Consideremos un ejemplo bastante típico de uso genuino de la lengua, grabado en un pub de Birmingham (Inglaterra). Mick, que acaba de perder su carné por conducir bebido, y su esposa Rita hablan con una tercera persona, Roy; la información entre corchetes no forma parte de la conversación, pero se ha insertado por claridad.

BEBO MÁS AHORA QUE NO TENGO COCHE.

PUES EMPIEZA A CONTENERTE. CUANDO DICES QUE VAS A PARAR, HAZLO.

TIENES RAZÓN.

¿Qué comunica la «función»?

Aquí se transmite muy poca información, y es poco probable que la que se transmite le resulte esencial al receptor.

En buena medida, Mick intenta mantener una buena relación con su amigo...

...mientras su esposa Rita trata de modificar el comportamiento de Mick.

Y estos objetivos, mantener buenas relaciones y tratar de convencer a alguien de que haga algo, son mucho más frecuentes en el empleo de la lengua que la simple «transmisión de datos».

Los diversos enfoques funcionalistas hoy vigentes no dan importancia a la determinación precisa de lo que es o no gramatical. En cambio, se centran en las necesidades de los hablantes y observan los modos lingüísticos de satisfacerlas. Una interpretación funcionalista del pasaje antes citado comenzaría haciendo algunas preguntas sencillas:

«¿Qué están tratando de hacer Mick y Rita?»

«¿Qué recursos ofrece el inglés o el castellano para alcanzar tales objetivos?»

«¿Por qué han elegido los hablantes unos recursos en particular?»

Lingüística funcional sistémica: textos

Uno de los enfoques funcionales más prominentes es la denominada lingüística funcional sistémica. Lo ha desarrollado el lingüista británico Michael Halliday (n. 1925) y se ha hecho célebre en Gran Bretaña y en la Commonwealth, aunque de momento no en Estados Unidos, donde los lingüistas funcionales prefieren otros enfoques.

LA LINGÜÍSTICA SISTÉMICA, COMO OTROS ENFOQUES FUNCIONALES, TOMA EL **TEXTO** COMO UNIDAD BÁSICA DE ANÁLISIS.

Fig. A-1 El texto de la «plata»

Paso 1

> // 4 ∧ in / thĭs job / Anne we're // I working with // sìlver //

Paso 2

> // 1 ∧ now / silver / needs to have / lòve // [// 1 yèa //]
>
> // 3 you / knōw ∧ the // 4 people that / bŭy silver // 1 lòve it //

> // 1 yèa // 1 guess they / wòuld //

Paso 3

> // 1 yèa // 1 mm / ∧ well / nàturally I / mean to / say that it's // 13 got a
>
> / lovely / gleàm a/bout it you / knōw // 3 ∧ and / if they come /
>
> īn they're // 1 usually / people who / love / beautiful / thìngs //

Paso 4

> // 1 ∧ so / you / have to be / beautiful / wĭth it you / know //
>
> 1 ∧ and you / sèll it with / beauty //

> // 1 ùm //

Paso 5

> // 1 ∧ you / ∧ I'm / sùre you know / how to do // 4 thăt // ∧
>
> // 1 oh but you / mùst //

Paso 6

> // 1 let's hear / ∧ / let's hear / ∧ / lòok / ∧ you say // 1 màdam //
>
> 5 isn't / that / beăutiful //

Paso 7

> // 4 ∧ if / you sug/gĕst it's beautiful // 1 they / sèe it as / beautiful //

Este enfoque ha desarrollado métodos eficaces de análisis textual, un tema totalmente fuera del alcance de los enfoques formalistas como el de Chomsky, ya que las reglas que confieren unidad a los textos no toleran una formalización rigurosa, a diferencia de las que dotan de unidad a las oraciones.

Lingüística cognitiva

Otro enfoque muy diferente, que ha cobrado prominencia sólo en los últimos años, es la *lingüística cognitiva*. A los lingüistas cognitivos les interesa comprender la estructura y el funcionamiento del lenguaje en términos de la percepción y la cognición humanas.

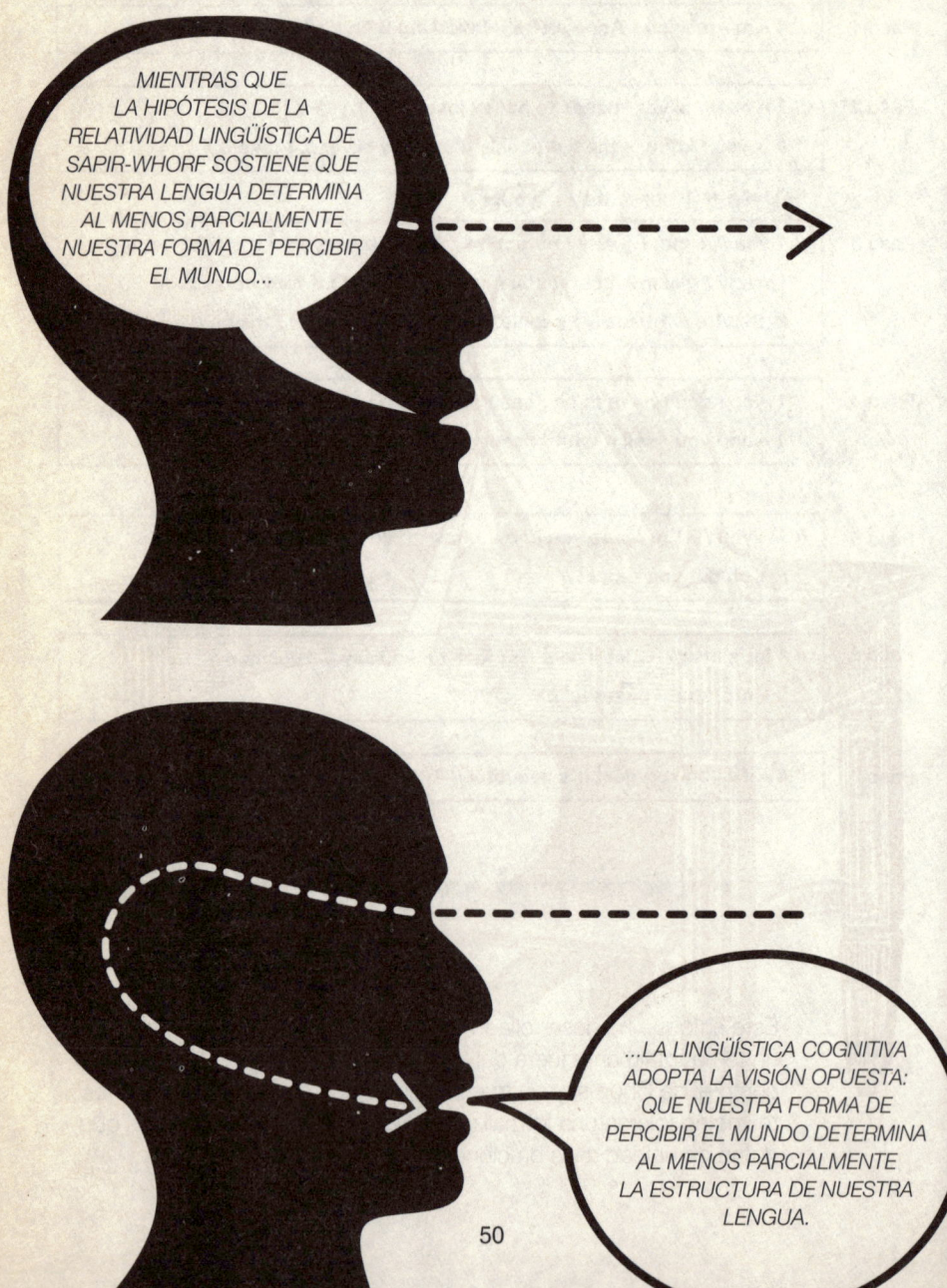

MIENTRAS QUE LA HIPÓTESIS DE LA RELATIVIDAD LINGÜÍSTICA DE SAPIR-WHORF SOSTIENE QUE NUESTRA LENGUA DETERMINA AL MENOS PARCIALMENTE NUESTRA FORMA DE PERCIBIR EL MUNDO...

...LA LINGÜÍSTICA COGNITIVA ADOPTA LA VISIÓN OPUESTA: QUE NUESTRA FORMA DE PERCIBIR EL MUNDO DETERMINA AL MENOS PARCIALMENTE LA ESTRUCTURA DE NUESTRA LENGUA.

El género de los nombres

Un promotor del desarrollo de la lingüística cognitiva ha sido el lingüista estadounidense George Lakoff (n. 1941), un antiguo chomskiano cuyos intereses han evolucionado. En *Women, Fire and Dangerous Things*, llama la atención sobre una curiosa propiedad de la lengua australiana dyirbal, descrita unos años antes por el lingüista británico Bob Dixon. Como muchas lenguas europeas, el dyirbal tiene género gramatical, es decir, a cada nombre se le debe asignar uno de los géneros disponibles. En las lenguas europeas, el género de un nombre suele ser impredecible a partir de su significado.

POR EJEMPLO, EL GÉNERO DE LA PALABRA «MESA» ES IMPREDECIBLE. LA PALABRA ES **MASCULINA** EN ALEMÁN, **FEMENINA** EN FRANCÉS Y **NEUTRA** EN GRIEGO.

**der Tisch
la table
to trapézi**

El género de los nombres en dyirbal

El dyirbal tiene cuatro géneros, y el género de un nombre suele ser predecible a partir de su significado, pero las reglas son sorprendentes: una de las cuatro clases de género, que Dixon designa como clase de género II, incluye todos los nombres relativos a las *mujeres*, al *fuego* y todos los que denotan *cosas peligrosas*, como las serpientes venenosas o las ortigas.

clase I   clase II   clase III   clase IV

MUJERES

FUEGO

COSAS PELIGROSAS

Lakoff se preguntaba por la percepción del mundo que induce a los hablantes del dyirbal a asignar un género común a estas palabras. La respuesta dista de ser obvia, pero los lingüistas cognitivos creen que la estructura de la lengua puede explicarse en buena medida en términos perceptivos.

Diferencias en la percepción lingüística

Veamos un ejemplo. En castellano, cuando decimos que algo está delante de nosotros, con frecuencia queremos decir que pertenece al futuro, mientras que algo que está detrás pertenece al pasado. Esto nos parece tan natural que rara vez reparamos en ello. Pero no todas las lenguas son iguales al respecto.

Los antiguos griegos lo entendían justo al revés.

*PARA NOSOTROS, EL FUTURO ESTABA **DETRÁS**, MIENTRAS QUE EL PASADO ESTABA **DELANTE**.*

La percepción griega del tiempo

La respuesta parece radicar en la forma de percibir el tiempo. Al parecer, los hispanohablantes percibimos que el tiempo es estático en tanto que nosotros avanzamos por él.

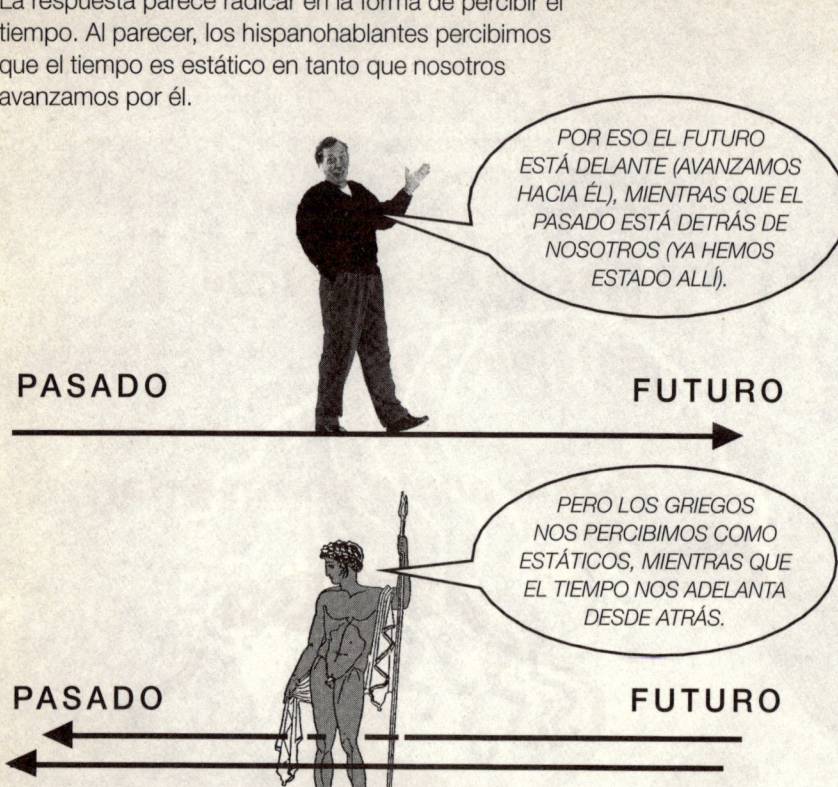

POR ESO EL FUTURO ESTÁ DELANTE (AVANZAMOS HACIA ÉL), MIENTRAS QUE EL PASADO ESTÁ DETRÁS DE NOSOTROS (YA HEMOS ESTADO ALLÍ).

PASADO　　　　　　　　　**FUTURO**

PERO LOS GRIEGOS NOS PERCIBIMOS COMO ESTÁTICOS, MIENTRAS QUE EL TIEMPO NOS ADELANTA DESDE ATRÁS.

PASADO　　　　　　　　　**FUTURO**

Así pues, el futuro estaba todavía detrás de los griegos, y aún no era visible, mientras que el pasado estaba ya ante ellos, y, por tanto, era visible, al menos hasta cierto punto.

Las diferencias lingüísticas dimanan, pues, de dos maneras de percibir el flujo del tiempo: por un lado, nosotros recorriendo el tiempo; por otro, el tiempo adelantándonos. Y los lingüistas cognitivos creen que estas diferencias perceptivas pueden manifestarse como diferencias en la estructura de la lengua, como sucede en este caso.

Metáfora

El concepto clave aquí es *metáfora*. Nosotros y los antiguos griegos hemos empleado metáforas diferentes para el tiempo, y la metáfora, en concreto la metáfora cognitiva, desempeña un papel crucial en buena parte del trabajo cognitivo.

He aquí otra metáfora cognitiva del castellano. En castellano, la ira suele percibirse metafóricamente como un fluido caliente dentro de nuestro cuerpo. Asi, decimos cosas como...

Está que echa humo

Está que hierve

y

Está a punto de reventar

Semejantes locuciones resultan incomprensibles si no se entiende la metáfora cognitiva en la que se basan.

¿Qué es el lenguaje?

Los enfoques formalista, funcionalista y cognitivo son sólo tres de los principales modos en que los lingüistas tratan de abordar la riqueza y complejidad de los lenguajes humanos. Hasta ahora hemos dado por sentado que sabemos lo que son los lenguajes, pero la cuestión no es tan obvia. Debemos aclarar lo que queremos decir con el término «lenguaje».

La lingüística es el estudio científico del lenguaje, pero ¿qué es el lenguaje? ¿Incluye aquí el término *lenguaje* cosas como...

...*EL LENGUAJE DE LAS FLORES?*

...*EL LENGUAJE DEL BAILE?*

...*EL LENGUAJE DE LOS DELFINES?*

¿Incluye lenguajes inventados como el esperanto?

No, no los incluye.

Lengua natural

Los lingüistas (profesionales de la lingüística) utilizan los términos *lenguaje* y *lengua* en un sentido muy específico. Comencemos por las lenguas individuales. Una lengua individual es o fue la lengua materna de un grupo de seres humanos. A menudo los lingüistas designan esto con el término más explícito *lengua natural*. Así, el castellano es una lengua natural, como lo son el inglés, el francés, el japonés, el swahili y el pitjantjatjara (hablado en el oeste de Australia).

ASIMISMO, EL SUMERIO ES UNA LENGUA NATURAL, PUES FUE LA LENGUA MATERNA EN BUENA PARTE DE LO QUE HOY ES IRAK, HACE VARIOS MILES DE AÑOS, AUNQUE HACE MUCHO QUE SE EXTINGUIÓ.

Y TAMBIÉN EL MANÉS, HABLADO EN LA ISLA DE MAN HASTA EL SIGLO XX, PERO HOY TAMBIÉN EXTINGUIDO.

Pt. de Ayre

Ramsey

Snaefell
620▲

Peel

ISLA DE MAN

Douglas

Port Erin

Castletown

Nuestra facultad lingüística

Como enseguida veremos, todas estas lenguas naturales poseen importantes rasgos en común, tantos rasgos que podemos considerarlas todas ellas variaciones del mismo tema. Y ese tema común es lo que llamamos *lenguaje*.

NUESTRA **FACULTAD LINGÜÍSTICA** ES NUESTRA CAPACIDAD DE APRENDER Y USAR UNA LENGUA.

Y ES UNA DE LAS CARACTERÍSTICAS QUE DISTINGUEN A LOS SERES HUMANOS DE TODOS LOS DEMÁS SERES DEL PLANETA.

De hecho, muchos sostienen que nuestra posesión exclusiva del lenguaje es la característica más importante que poseemos, la que nos diferencia más decisivamente de todas las demás especies.

No importa que una lengua tenga mil millones de hablantes (como el chino mandarín) o sólo un puñado (como algunas lenguas australianas y americanas). No importa si se trata de la lengua principal de uno o más Estados-nación (como el español y el árabe) o de una lengua hablada sólo por un recóndito grupo casi desconocido (como las lenguas hixkaryana y wari de Brasil). No importa si una lengua posee una larga y espléndida tradición literaria (como el castellano, el inglés o el francés) o si jamás se ha escrito (como la mayoría de las lenguas del mundo).

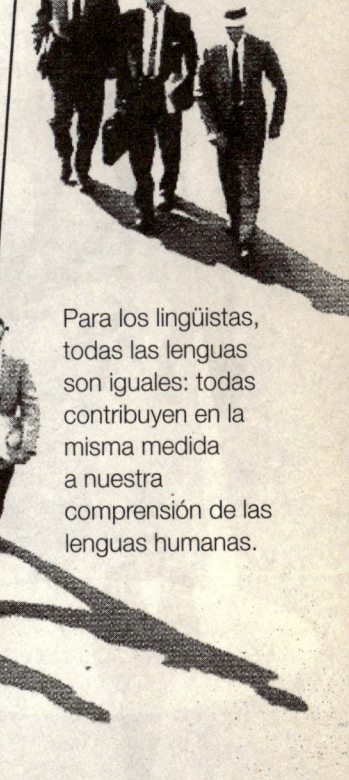

PARA QUE SE CONSIDERE NATURAL UNA LENGUA, LO ÚNICO QUE IMPORTA ES QUE UN GRUPO DE NIÑOS LA APRENDAN Y LUEGO LA UTILICEN DE ADULTOS.

Para los lingüistas, todas las lenguas son iguales: todas contribuyen en la misma medida a nuestra comprensión de las lenguas humanas.

¿Qué tienen de especial las lenguas humanas?

¿Cuántas lenguas existen? Actualmente más de 6.500. Es probable que hayamos descubierto prácticamente todas las lenguas hoy existentes.

AUNQUE DE VEZ EN CUANDO APAREZCA UNA NUEVA.

POR SUPUESTO, EL TOTAL NO ES DEFINITIVO.

LAS LENGUAS NO CESAN DE EXTINGUIRSE A MEDIDA QUE SUS HABLANTES LAS ABANDONAN EN FAVOR DE OTRAS LENGUAS.

AL MISMO TIEMPO, NACEN LENGUAS NUEVAS.

LA LENGUA BRASILEÑA PIRAHA LA DESCUBRIÓ EN 1995 EL LINGÜISTA ESTADOUNIDENSE DAN EVERETT.

MÁS ADELANTE NOS REFERIREMOS A UNA LENGUA NACIDA SÓLO DESPUÉS DE 1979.

¿Por qué son tan especiales las lenguas humanas? Después de todo, la mayoría de los seres se pueden comunicar de algún modo con sus semejantes. Los pájaros cantan, las ranas croan, los delfines chasquean y los monos vervet profieren gritos específicos con significados como...

¡CUIDADO! ¡ÁGUILA!

Incluso las abejas disponen de un sistema muy efectivo para informar a sus compañeras de la localización y calidad de los nectarios.

61

¿Qué tienen en común todas las lenguas?

Alrededor de 1960, el lingüista estadounidense Charles Hockett (n. 1916) señaló que todas las lenguas humanas poseen una serie de propiedades sorprendentes y relevantes, ausentes en los sistemas de signos de todos los demás seres del planeta. Hockett denominó a estas propiedades *características del diseño* del lenguaje; veamos algunas de ellas.

Todas las lenguas tienen palabras y éstas se cuentan por millares.

NO EXISTEN ESAS LEGENDARIAS LENGUAS «PRIMITIVAS» QUE CONSTABAN DE 200 PALABRAS COMPLEMENTADAS CON GRUÑIDOS Y GESTOS.

NINGÚN OTRO SER PARECE MANEJAR PALABRAS.

Todas las lenguas disponen de recursos para incorporar palabras nuevas cuando es preciso:

euroconector, transgénico, videojuego, sida, cibernauta, hipertermófilo

Ningún otro ser puede hacerlo.

Todas las lenguas tienen formas de modificar el significado de las palabras:

toma, tomó, ha tomado, está tomando, será tomado.

Ningún otro ser puede hacerlo.

Todas las lenguas poseen negación:

**Susana fuma;
Susana no fuma.**

Pero la negación es exclusivamente nuestra: un perro puede decir...

¡Guau!

Pero no puede decir

¡No guau!

Todas las lenguas pueden formar preguntas:

¿Fuma Susana?

Todas las lenguas permiten abstracciones como

blancura, curvatura y **ausencia.**

Todas las lenguas permiten el desplazamiento, la capacidad
de hablar de cosas diferentes del aquí y del ahora:

Estuve en París la semana pasada.

De mayor quiero ser astrónomo.

*¿Cómo te imaginas que es la
superficie de Venus?*

Todas las lenguas permiten enunciados hipotéticos, contrafácticos, condicionales, irreales y ficticios:

Légolas el elfo desenfundó silenciosamente su espada.

Los europeos no podrían sobrevivir en el desierto australiano.

Si hablara mejor francés, podría conseguir un trabajo en París.

Si tú haces la quiche, yo haré la ensalada.

Todas las lenguas son *abiertas*, tienen capacidad de generar y comprender sin dificultad enunciados totalmente nuevos:

Luxemburgo ha invadido Nueva Zelanda.

Shakespeare escribió sus obras en swahili y las tradujeron al inglés sus guardaespaldas africanos.

La tía Bea nos ha enviado unas fotos del bautizo de su nieta.

Creo que la manteca de cacahuete es un mal sustituto de la masilla.

Es muy probable que el lector nunca haya utilizado ni encontrado antes la mayoría de las oraciones de este libro y, no obstante, puede comprenderlas fácilmente.

Todas las lenguas se caracterizan por su *libertad de estímulos*, su capacidad de decir cualquier cosa, incluso nada, en cualquier circunstancia. Si tu amiga Julia te pregunta...

...puedes responder lo que quieras:

Facultades lingüísticas

Ningún otro ser puede hacer estas cosas, pero todos los humanos son capaces: un catedrático de Oxford o un corredor de Bolsa de Chicago pueden hacerlas sin esfuerzo, pero también un miembro de una tribu de la Edad de Piedra en Nueva Guinea o el Amazonas, o un niño de 7 años en Siberia. El lenguaje es una peculiaridad humana...

...Y ESTO ES SÓLO UNA MUESTRA DE NUESTRAS FACULTADES LINGÜÍSTICAS.

Medios lingüísticos

El lenguaje ha de expresarse a través de un *medio*.
Un *medio primario* es aquel en el que se puede
adquirir una lengua materna, y sólo existen dos
medios primarios. El más familiar es el *habla*. En él,
se expulsa el aire de los pulmones por la boca y la
nariz, mientras las cuerdas vocales, la lengua y
otros órganos del habla modifican la corriente de
aire de diversas formas, para producir una
secuencia de sonidos que representan unidades
lingüísticas superiores como palabras y oraciones.

El otro es el medio
sígnico, donde el lenguaje
se expresa como una
serie de signos o gestos,
hechos principalmente
con las manos, la cabeza,
la cara y la parte superior
del cuerpo.

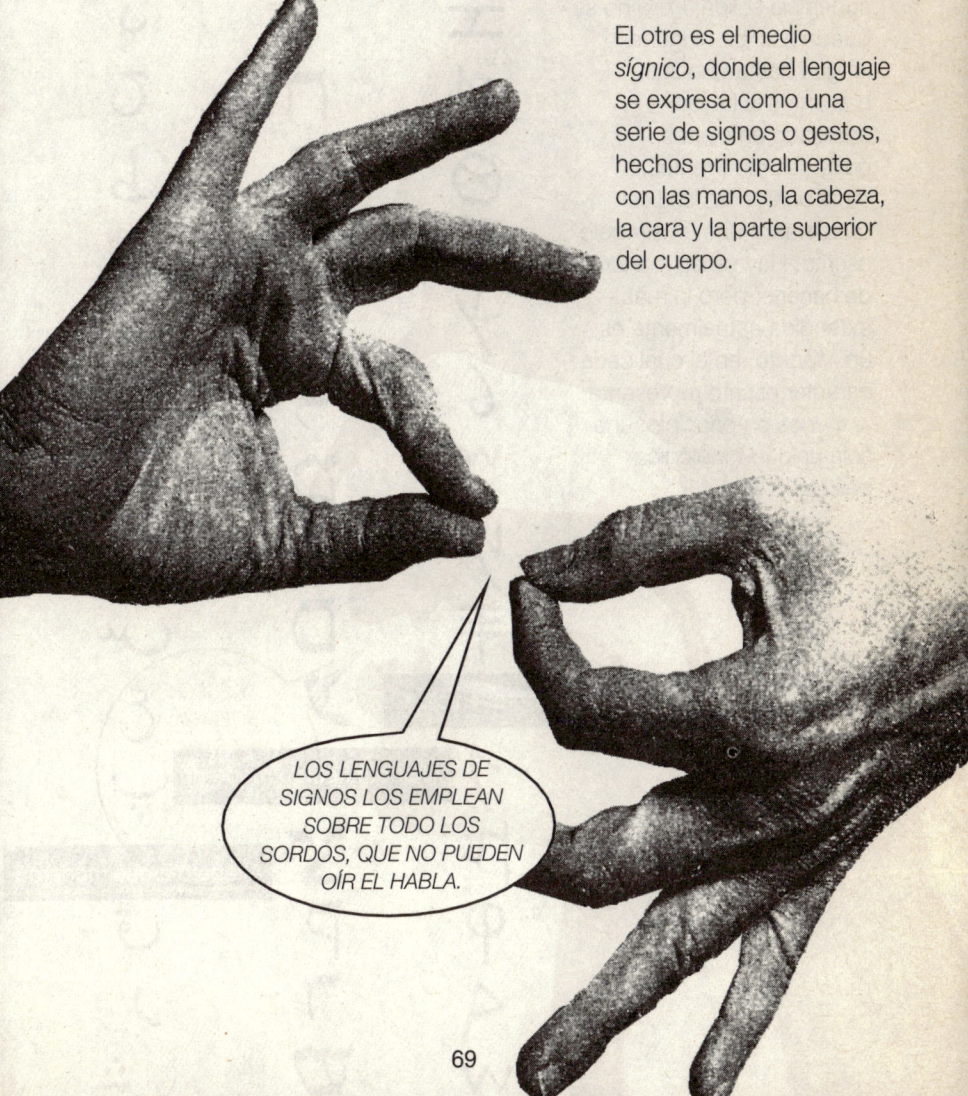

*LOS LENGUAJES DE
SIGNOS LOS EMPLEAN
SOBRE TODO LOS
SORDOS, QUE NO PUEDEN
OÍR EL HABLA.*

Unidades de escritura

Hay también *medios secundarios*, en los que el lenguaje se transfiere de un medio primario a otro. El más familiar es la *escritura*, en la que el lenguaje hablado o de signos se convierte en huellas permanentes en una superficie sólida. Pero no se puede escribir ninguna lengua hasta que sus hablantes la hayan analizado en ciertas unidades recurrentes, a cada una de las cuales quepa asignarle un símbolo escrito. Hay varias maneras de hacerlo, pero la más extendida actualmente es un *alfabeto*, en el cual cada carácter escrito representa, al menos en principio, una sola unidad fonológica básica.

Antiguo alfabeto fenicio

Alfabeto hebreo moderno

Alfabeto árabe moderno

Toda lengua hablada contiene un pequeño número de unidades fonológicas básicas o fonemas. Entre los fonemas del inglés figuran /**k**/, /**æ**/ y /**t**/. Si combinamos estos fonemas en el orden /**kæt**/, obtenemos la palabra *cat* [*gato*]. Pero el orden /**tæk**/ nos da *tack* [*tachuela*], mientras de /**ækt**/ resulta *act* [*acto*], /**æt**/ nos da *at* [*en*] y con /**tækt**/ tenemos *tact* [*tacto*] o *tacked* [*clavado*] (de idéntica pronunciación, pese a su diferente estructura).

Los fonemas aislados carecen de significado: no tiene sentido preguntar qué significa en inglés /**k**/ o /**æ**/. Pero combinaciones como /**kæt**/ y /**tæk**/ resultan sumamente significativas.

Doble articulación

Así están configuradas todas las lenguas habladas. Un número reducido de fonemas pueden combinarse en secuencias significativas como las palabras. Esta estructuración la designamos como *doble articulación*, y esta dualidad es exclusiva de los lenguajes humanos.

¿Qué podríamos hacer sin la doble articulación? A cada sonido diferente se le asociaría un significado. Pero no podemos proferir más de cien sonidos fácilmente distinguibles.

ASÍ PUES, SIN LA DOBLE ARTICULACIÓN, NUESTRAS LENGUAS SÓLO PODRÍAN DISPONER DE UN CENTENAR DE «PALABRAS» SIGNIFICATIVAS DIFERENTES, CLARAMENTE INSUFICIENTES PARA NUESTROS PROPÓSITOS.

Pero esto es exactamente lo que hacen las especies no humanas. Operan con «un sonido, un significado», por lo que sólo pueden producir unos pocos significados distintos: normalmente de tres a seis, tal vez una veintena a lo sumo. Ésta es una razón fundamental de que podamos decir un número ilimitado de cosas diferentes, lo que resulta imposible para los demás seres. Un animal sólo puede elegir entre una lista muy reducida de cosas que «decir». Un mono puede decir...

¡CUIDADO!, ¡PELIGRO EN EL AIRE!

...si ese mensaje está disponible en el sistema, pero es incapaz de introducir la más mínima innovación, como «¡Cuidado!, ¡dos cazadores con rifles!».

Lenguajes de signos

Los lenguajes de signos son algo diferentes. El número de signos posibles es mucho mayor que el número de sonidos posibles del habla. Con todo, cada signo puede descomponerse en un pequeño número de elementos significativos como la posición de la mano, la dirección y la velocidad del movimiento y las otras partes del cuerpo tocadas.

OÍR

ESCUCHAR

AUDICIÓN

SORDO

RUIDO

IGNORAR

Lenguaje de signos británico (LSB)

Los lenguajes de signos no son sistemas rudimentarios ni derivados. Un lenguaje de signos es una lengua real, como el inglés o el español. Un niño puede aprender como primera lengua un lenguaje de signos. Un lenguaje de signos posee un gran vocabulario y un sistema gramatical rico y elaborado: violar una regla gramatical es tan malo en un lenguaje de signos como en una lengua hablada.

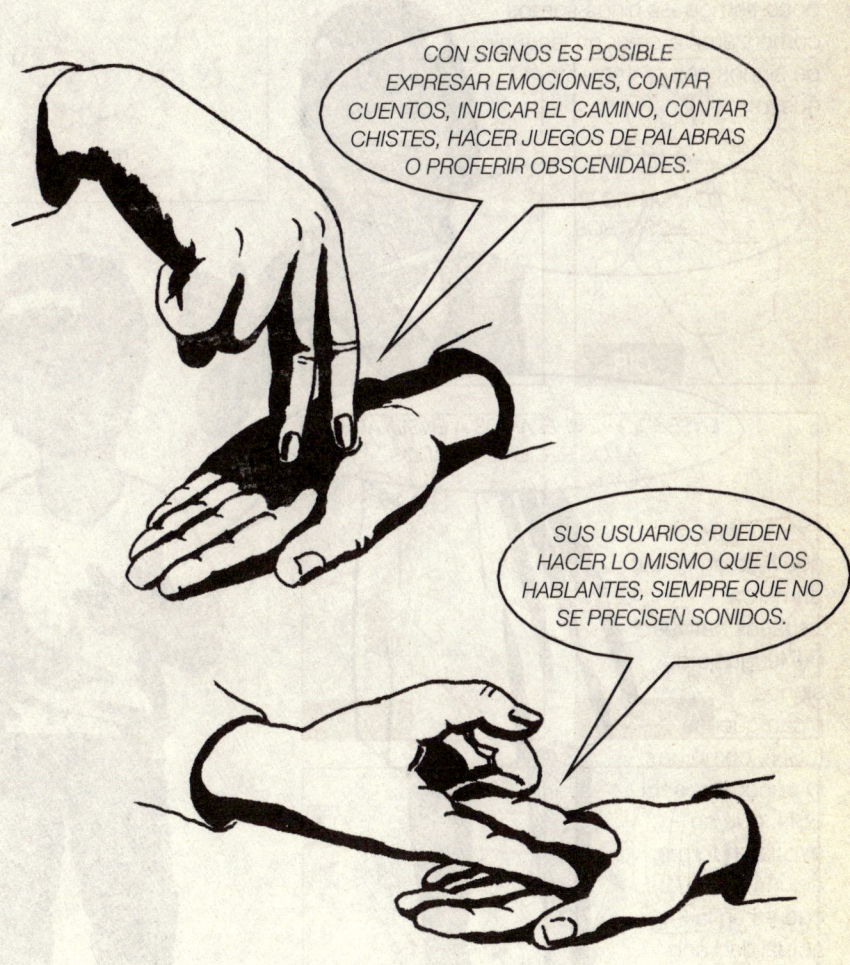

CON SIGNOS ES POSIBLE EXPRESAR EMOCIONES, CONTAR CUENTOS, INDICAR EL CAMINO, CONTAR CHISTES, HACER JUEGOS DE PALABRAS O PROFERIR OBSCENIDADES.

SUS USUARIOS PUEDEN HACER LO MISMO QUE LOS HABLANTES, SIEMPRE QUE NO SE PRECISEN SONIDOS.

Por supuesto, el lenguaje de signos no resulta muy práctico en la oscuridad, pero tampoco la lengua hablada resulta muy práctica en medio de un ruido ensordecedor, que no dificulta el empleo de signos.

El lenguaje de signos nicaragüense

El lenguaje natural más reciente que se conoce es un lenguaje de signos. Tras la revolución de 1979 en Nicaragua, el nuevo gobierno reunió a los cientos de niños sordos brutalmente encerrados bajo el antiguo régimen y los llevó a un colegio especial. Sorprendentemente, en poco tiempo los niños sordos comenzaron a crear un lenguaje de signos completamente nuevo.

Nicaragua

LO USAMOS ENTRE NOSOTROS.

ENSEGUIDA EMPEZAMOS A ENSEÑÁRSELO A LOS RECIÉN LLEGADOS.

Estos niños se convirtieron en los primeros usuarios nativos del lenguaje de signos nicaragüense (LSN), como hoy lo conocemos. El LSN, que no existía en forma alguna en 1979, cuenta en la actualidad con cientos de usuarios nativos.

Gramática y orden de las palabras

Una de las propiedades más importantes de la lengua es la *gramática*: un conjunto de reglas para combinar palabras en oraciones, para modificar las formas de las palabras con fines particulares y para interpretar el resultado. Toda lengua posee una gramática, y profusa. No existe ninguna lengua con poca o ninguna gramática. Pero las reglas gramaticales difieren de una lengua a otra.

Consideremos el orden de las palabras. En inglés, el único orden normal de las oraciones es *sujeto-verbo-objeto*, o SVO, como en...

Mike washed the car
[Mike lavó el coche]

Mike
es el sujeto

washed
es el verbo

the car
es el objeto

Pero en otras lenguas puede ser diferente.

Distintos ejemplos de orden de las palabras y de localización

El irlandés es VSO, y el hablante del irlandés dice

Lavó / Mike / el coche.

El japonés es SOV, y el hablante del japonés dice

Mike / el coche / lavó.

El malgache (de Madagascar) es VOS, y el resultado es

Lavó / el coche / Mike.

El hixkaryana, en Brasil, es OVS, con lo que tenemos

El coche / lavó / Mike.

En estas lenguas, el orden inglés sería tan incorrecto como lo son en inglés los otros órdenes.

Consideremos ahora la localización espacial. En inglés, se expresa anteponiendo un pequeño término gramatical al nombre del lugar:

IN CHICAGO

Pero el japonés sitúa la partícula después del nombre del lugar:

TOOKYOO DE

«En Tokio.»

El euskera emplea en cambio un sufijo:

BAIONAN

«En Bayona», donde la *–n* significa «en».

Tiempo y tiempo verbal

Consideremos ahora el tiempo verbal, la marca temporal gramatical. En inglés sólo disponemos de una forma de tiempo pasado: digo *I saw John* [*Vi a John*], tanto si le vi hace diez minutos como hace diez años. Pero otras lenguas establecen distinciones más precisas. En español, debo decir *He visto a Juan* si le he visto hoy mismo, pero *Vi a Juan* si le vi antes de hoy. En la lengua yimas de Nueva Guinea, existen cuatro formas diferentes de pretérito, que distinguen grados de lejanía en el pasado.

Y en la lengua africana bamileke-dschang existen cinco. Por otra parte, el chino carece de toda marca temporal: no hay nada correspondiente a la diferencia entre *veo* y *vi*.

Diferencias gramaticales

En inglés, si queremos referirnos a alguien o a algo que ya hemos mencionado, hemos de elegir entre *he* para lo masculino, *she* para lo femenino e *it* para lo asexuado. En este caso, el inglés gramaticaliza el sexo.

En finlandés, sin embargo, la palabra es *hän* en todos los casos: el finlandés no marca el sexo.

El euskera tampoco marca el sexo, pero en euskera debemos hacer una elección diferente: *hau* si la persona o cosa está cerca de nosotros, *hori* si está a una distancia intermedia y *hura* si se halla lejos de nosotros. El vasco gramaticaliza la distancia, pero no el sexo.

En la lengua kwakiutl norteamericana hay que hacer otra elección: se elige una forma si se puede ver a la persona o cosa de la que se está hablando y otra forma si no se puede ver. El kwakiutl gramaticaliza la visibilidad.

En el inglés estándar, la oración *He's sick* puede significar o bien «Está enfermo en este momento» o bien «Es un enfermo crónico». Si necesitamos precisar la diferencia, debemos agregar términos adicionales a la oración. No obstante, en una variedad del inglés, el inglés afroamericano (IAA), hablado por muchos negros en Estados Unidos, se gramaticaliza la diferencia.

*UN HABLANTE DEL IAA DICE **HE SICK** EN EL PRIMER SENTIDO (ENFERMO AHORA), PERO **HE BE SICK** EN EL SEGUNDO (ENFERMO CRÓNICO).*

Las reglas de la gramática inglesa no son las mismas para todos los hablantes.

Gramática del lenguaje de signos

En el lenguaje de signos estadounidense, el signo para *enfermo* puede modificarse de varias maneras, produciendo variaciones que significan «levemente enfermo», «muy enfermo», «siempre enfermo», «enfermo por mucho tiempo» y otras posibilidades, lo que requiere palabras adicionales. Los lenguajes de signos, al igual que las lenguas habladas, disponen de sistemas gramaticales ricos y elaborados.

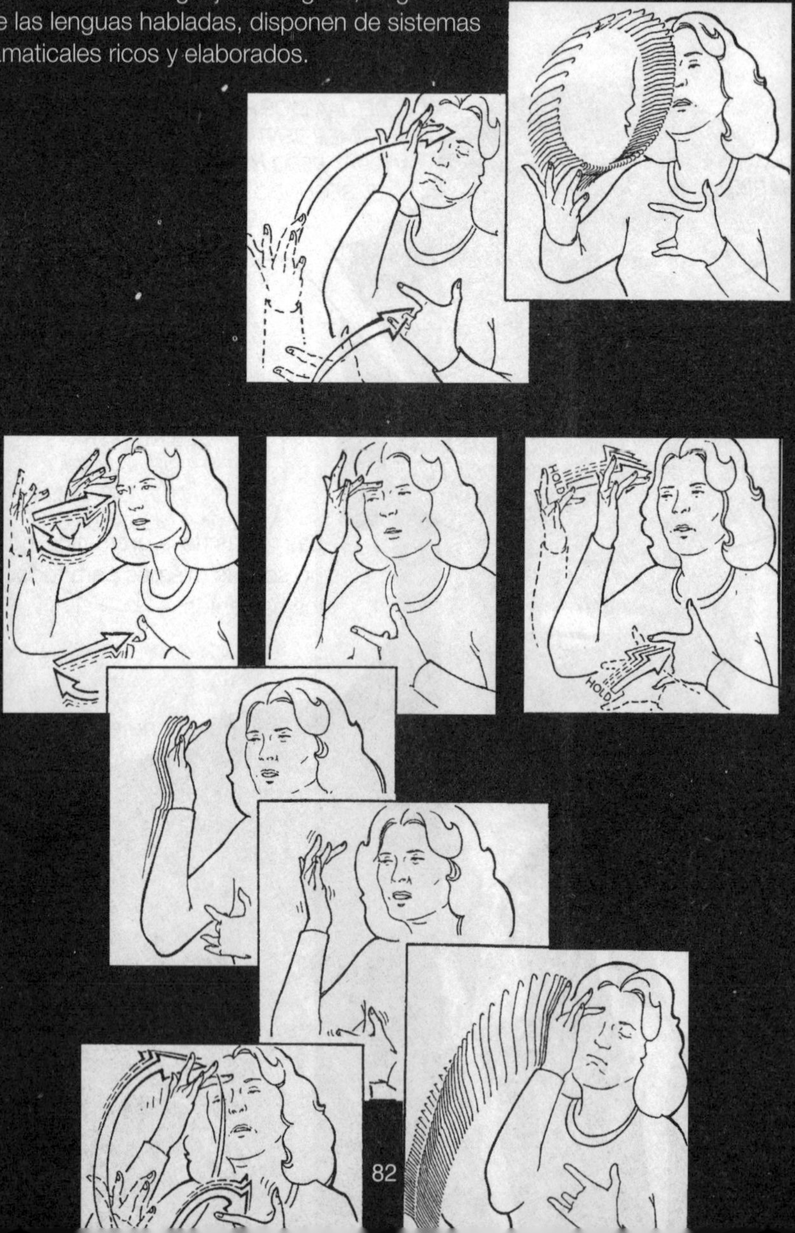

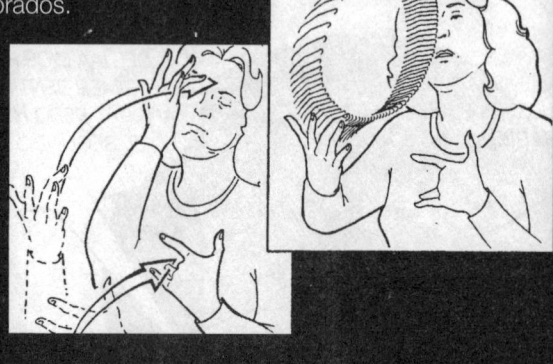

Nuestra extraordinaria facultad lingüística es exclusiva de nuestra especie. Pero ¿cuándo surgió el lenguaje? Nadie lo sabe.

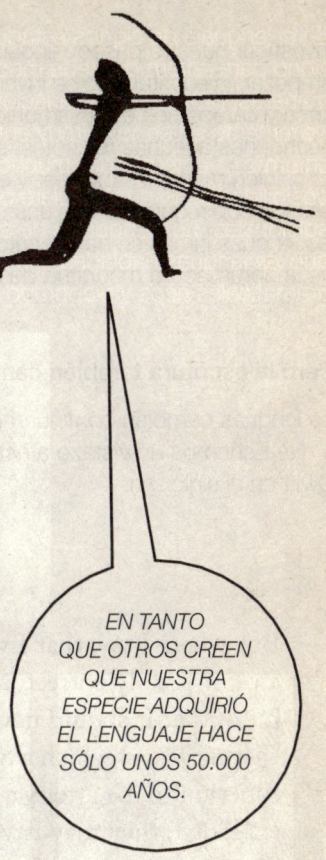

hace
50.000
años

hace
100.000
años

hace
200.000
años

*LA HIPÓTESIS MÁS BARAJADA ES QUE EL LENGUAJE SURGIÓ CON NUESTRA ESPECIE, EL **HOMO SAPIENS**, HACE 100.000 O 200.000 AÑOS.*

*PERO ALGUNOS ESPECIALISTAS SOSTIENEN QUE NUESTRO ANTEPASADO HOMÍNIDO, EL **HOMO ERECTUS**, PROBABLEMENTE POSEÍA EL LENGUAJE HACE ALREDEDOR DE UN MILLÓN DE AÑOS.*

EN TANTO QUE OTROS CREEN QUE NUESTRA ESPECIE ADQUIRIÓ EL LENGUAJE HACE SÓLO UNOS 50.000 AÑOS.

Este debate no es fácil de zanjar. Por desgracia, los lenguajes no se fosilizan.

hace
1.000.000
años

83

Los testimonios escritos de la lengua

Investigar nuestro pasado lingüístico remoto es muy difícil. Para empezar, la escritura no se inventó hasta hace poco más de 5.000 años y carecemos de testimonios escritos más antiguos. De hecho, hasta fechas recientes, sólo una pequeña parte de la población mundial sabía leer y escribir, e incluso hoy sólo se escribe con regularidad en unas docenas de lenguas. La mayoría de las lenguas jamás se han escrito, por lo que no hay testimonios de la abrumadora magnitud de la historia lingüística mundial.

Pero la escritura también cambia

La lenguas cambian continuamente, no sólo siglo a siglo, sino día a día. Echemos un vistazo a este pasaje escrito por Jonathan Swift en el siglo XVIII:

> But where I say, that I would have our Language, after it is duly correct, always to last; I do not mean that it should never be enlarged: Provided, that no Word which a Society shall give a Sanction to, be afterwards antiquated and exploded, they may have liberty to receive whatever new ones they shall find occasion for.

Quienes manejamos el inglés actual podemos comprenderlo en su mayor parte, pero ya nos resulta extraño.

Ahora fijémonos en un pasaje de Shakespeare, de finales del siglo XVI:

My brother Jacques he keeps at school, and report speaks goldenly of his profit; for my part, he keeps me rustically at home, or, to speak more properly, stays me here at home unkept; for call you that keeping for a gentleman of my birth, that differs not from the stalling of an ox?

Resulta un poco más difícil, incluso más extraño, pero sigue siendo comprensible en términos generales.

AUNQUE, SI PUDIERAN OÍRME HABLAR, LES RESULTARÍA DIFÍCIL ENTENDERME, TAL VEZ IMPOSIBLE.

Y más atrás...

Leamos ahora un pasaje de Chaucer, del siglo XIV:

A yong man whilom called Melibeus myghty and riche bigat vp on his wif, that called was Prudence a doghter, which that called was Sophie. Vpon a day bifel that he for his desport is went into the feeldes hym to pleye.

Se trata de una escritura al filo de lo ininteligible.

Y, SI PUDIERAN OÍRME, MI FORMA DE HABLAR LES RESULTARÍA TOTALMENTE INCOMPRENSIBLE.

No podríamos entender el inglés hablado de Chaucer mejor de lo que entendemos el holandés hablado.

...hasta el inglés antiguo

Finalmente, consideremos un pasaje del siglo x, del período que denominamos inglés antiguo:

Her ... Ælfred cyning ... gefeaht with ealne here, and hine geflymde, and him aefter rad oth thet geweorc, and thaer saet XIII niht.

«Here King Alfred fought against the whole army, and put it to flight, and rode after it to the fortress, and there he camped for thirteen nights.» [«El rey Alfredo luchó aquí contra todo el ejército, que salió huyendo, y cabalgó luego hasta la fortaleza, donde acampó durante trece noches.»]

Esta vez incluso la versión escrita excede completamente a nuestro alcance. De hecho, puede que cueste creer que es un pasaje en inglés. Pero lo es, aunque no en nuestro inglés actual. Durante los últimos mil años, el inglés se ha transformado hasta tornarse irreconocible.

La historia interminable

Mil años son sólo unas cuarenta generaciones, pero, a lo largo de estas *cuarenta generaciones*, la lengua ha ido evolucionando: una nueva pronunciación aquí, una palabra nueva allá, una nueva forma gramatical y, en fin, ya vemos el resultado. El cambio lingüístico es incesante e inexorable, y hace que las lenguas se distancien de sus formas previas casi sin límite.

Este cambio nunca se detiene. Enunciados como...

ME CONECTÉ A LA RED CON MI PORTÁTIL Y LE PEDÍ A MI BUSCADOR QUE ENCONTRASE SU PÁGINA DE INICIO.

...habrían resultado galimatías incomprensibles hace sólo unos años. Pero las lenguas no sólo cambian porque cambia el mundo. Una revista popular puede escribir esto...

«Después de todas esas pijitas alucinantes, pensé que molaría esta movida con un rollo alternativo, una peli algo cutre pero flipante», dijo.

...también incomprensible hace unas décadas.

88

Mis sobrinos se criaron en la misma región que yo, pero unos treinta años después. Su inglés es ya algo diferente del mío: algunas palabras distintas, ciertos usos distintos y una pronunciación sensiblemente diferente, sobre todo de las vocales. De vez en cuando me cuesta un poco entenderles. Se trata de una generación más de cambios, superpuesta a todos esos cambios generacionales precedentes.

Estos cambios constantes atraen con frecuencia la ira de los conservadores lingüísticos. Se escriben a los periódicos cartas furiosas quejándose de usos que rompen con lo aprendido desde niños:

Ese profesor pasa olímpicamente de sus alumnos.

Mis padres viven encima nuestro.

Le prestaron menos atención que la que se merecía.

Los salarios crecen en relación a la inflación.

Tu comisión es de un cinco por cien.

Debemos decidir los pasos a seguir.

Y otros muchos.

Prescriptivismo conservador

Pero no es nada nuevo. Hace doscientos años, la construcción *My house is being painted* [*Mi casa está siendo pintada*] no existía en el inglés estándar, y la única forma posible era *My house is painting* [*Mi casa está pintando*]. Cuando unos hablantes innovadores comenzaron a decir cosas como *My house is being painted*, los conservadores de la época no podían contener su furia y tachaban la nueva forma de...

¡CONFUSA!

¡ILÓGICA!

¡MONSTRUOSA!

Ya vemos lo efectivas que fueron sus protestas: hoy todo el mundo dice «*My house is being painted*» y a nadie se le ocurriría tratar de desenterrar la difunta forma antigua.

MI CASA ESTÁ PINTANDO

Esta actitud conservadora se denomina *prescriptivismo* y constituye una fuerza poderosa en casi todas las sociedades, especialmente en las que poseen una tradición escrita, como la nuestra. Por definición, las personas cultas han adquirido un dominio de la lengua estándar de su tiempo, especialmente el estándar de escritura, y con frecuencia son muy reacios a aceptar cambios. Pero, como muestran los ejemplos precedentes, la mayoría de estos cambios penetran de todos modos en el idioma y acaban por aceptarse como parte de la lengua estándar modificada. Quienes rechazan los cambios y claman contra ellos acaban muriendo; los únicos hablantes que quedan son los que han crecido con las formas más recientes y las ven normales. Estos hablantes más jóvenes pueden clamar a su vez contra el siguiente repertorio de cambios, pero de nuevo en vano. También ellos morirán y darán paso a la nueva generación de hablantes, que aceptarán ulteriores innovaciones. Y así sucesivamente.

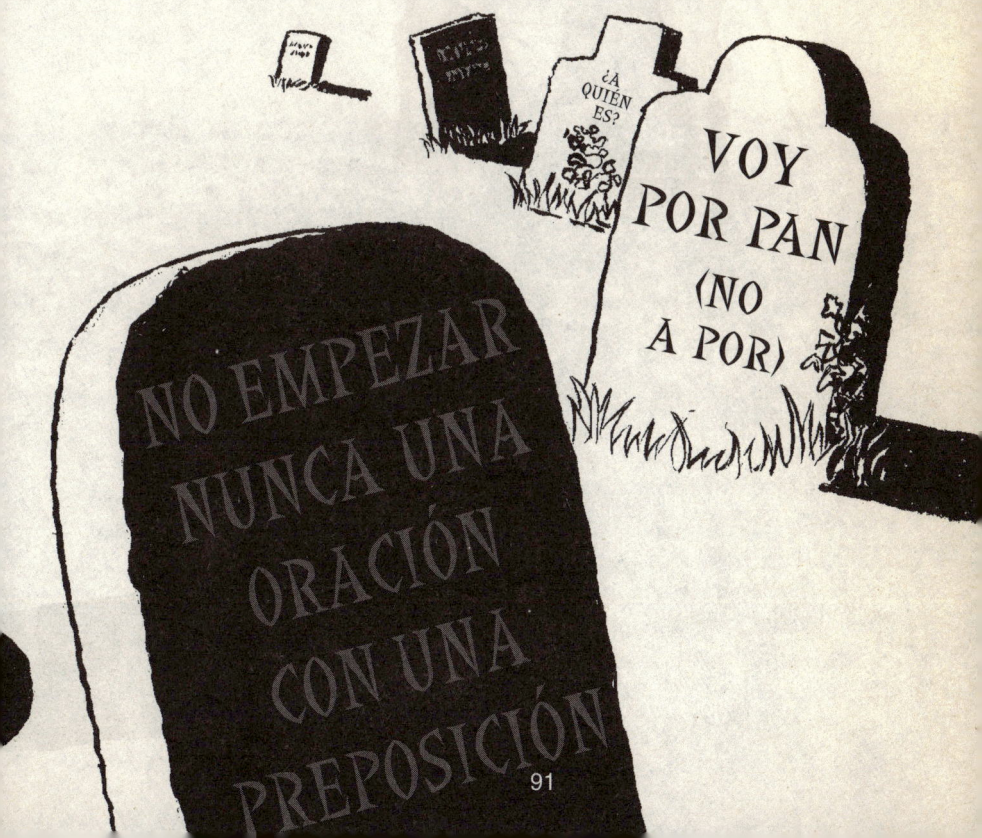

91

Perspectivas históricas

No obstante, lo cierto es que los prescriptivistas no siempre se quejan sólo de los cambios. Por ejemplo, muchos hablantes del inglés británico se quejan de lo que ven como «americanismos» que invaden su habla, tales como *I guess* en lugar de *I suppose* [supongo] y *I've just gotten a letter* en lugar de *I've just got a letter* [acabo de recibir una carta].

PERO NO SE DAN CUENTA DE QUE ESTAS FORMAS «AMERICANAS» SE ORIGINARON DE HECHO EN GRAN BRETAÑA Y CRUZARON EL ATLÁNTICO HASTA AMÉRICA...

...tras lo cual se extinguieron en gran parte. El peor rostro del prescriptivismo no es más que hostilidad hacia lo desconocido.

En inglés disponemos de textos escritos de unos 1.200 años de antigüedad, por lo que podemos observar en nuestros textos los cambios en la evolución de la lengua. Antes de esa época, sin embargo, el inglés no se escribía, por lo que resulta mucho más difícil comprender lo que estaba pasando.

Difícil, pero no imposible, porque tenemos otra manera de acceder a la prehistoria de la lengua, al menos cuando tenemos suerte, y en este caso la tenemos. Obsérvese el siguiente cuadro, que nos muestra unas cuantas palabras de significado similar en inglés, sueco y alemán.

	Inglés	Sueco	Alemán
(a)	tooth [diente]	tand	Zahn
	two [dos]	tva	zwei
	ten [diez]	tio	zehn
(b)	three [tres]	tre	drei
	thing [cosa]	ting	Ding
	thick [grueso]	tjock	dick
(c)	nine [nueve]	nio	neun
	new [nuevo]	ny	neu
	night [noche]	natt	Nacht

Cabe apreciar algunas semejanzas sorprendentes entre algunos de estos términos, pero las semejanzas no son aquí lo esencial. Lo importante son los *patrones* perceptibles. En una palabra tras otra, cuando un término inglés empieza por /t/, el término sueco correspondiente empieza por /t/, en tanto que la palabra alemana correspondiente empieza por /ts/ (escrita con **z**). Asimismo, cuando una palabra inglesa empieza por /θ/ (escrita con **th**), la palabra sueca correspondiente empieza por /t/, y la alemana por /d/. Y cuando el término inglés empieza por /n/, el sueco lo hace por /n/ y el alemán por /n/.

Estos patrones se denominan *correspondencias sistemáticas*, y existen muchas correspondencias de este tipo entre estas tres lenguas, así como entre otros idiomas.

La explicación de la correspondencia sistemática

¿Cómo podemos explicar estas correspondencias sistemáticas? Sólo hay un modo. ¡Hace mucho tiempo estas tres lenguas eran la misma! Esta lengua ancestral la denominamos *protogermánico*. Los hablantes de protogermánico no sabían escribir, por lo que carecemos de testimonios de esta lengua, pero podemos hacernos una idea de cómo era y de lo que ocurrió con ella. El protogermánico se hablaba probablemente en el sur de Escandinavia en torno al 500 a.C. Desde allí sus hablantes se extendieron por buena parte del norte de Europa. Por supuesto, a medida que se propagaban su lengua seguía cambiando, pero el cambio no era igual en todas partes. Antes bien, los cambios eran distintos en los diferentes lugares, de suerte que la lengua original se dividió gradualmente en variedades regionales, que cada vez se diferenciaban más entre sí.

Inglés

Frisón

**Proto-
germánico**

Holandés

Flamenco

Alemán

Yiddish

Afrikáans

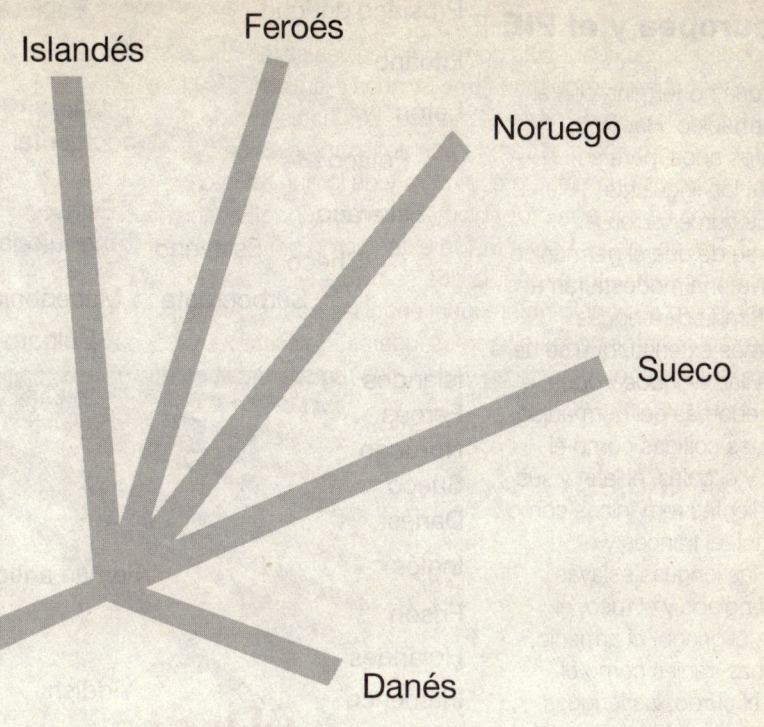

Islandés

Feroés

Noruego

Sueco

Danés

Gótico

Pero los cambios en la pronunciación eran bastante regulares. Todas las palabras del grupo (a) mostradas en la página 93 comenzaban en protogermánico con el mismo sonido, que se convirtió en /t/ en inglés y en sueco, pero en /ts/ en alemán. Todas las palabras del grupo (b) empezaban por el mismo sonido, que se convirtió en /θ/ en inglés, en /t/ en sueco y en /d/ en alemán, y algo similar en el grupo (c). La combinación del cambio lingüístico con el tiempo y la separación geográfica no sólo ha transformado la lengua original hasta lo irreconocible, sino que ha dividido dicha lengua en varias lenguas *hijas* muy diferentes. Aparte del inglés, el sueco y el alemán, los hijos del protogermánico incluyen el islandés, el feroés, el noruego, el danés, el holandés, el afrikáans, el yiddish y varias lenguas extintas como el gótico. Estas lenguas, que llamamos *germánicas*, constituyen una *familia* lingüística (un grupo de lenguas relacionadas que descienden de un antepasado común).

La familia indoeuropea y el PIE

Y la historia no termina con el protogermánico. Hace doscientos años, para su sorpresa, los lingüistas europeos comenzaron a percatarse de que el germánico constituye una modesta rama de una familia de lenguas mucho más extensa, que se ha dado en llamar *indoeuropea*, e incluye, además del germánico, las lenguas célticas como el irlandés y el galés, el latín y sus descendientes románicas como el español, el francés y el italiano, las lenguas eslavas como el polaco y el ruso, el albanés, el griego, el armenio, las lenguas iraníes como el persa y el curdo, las lenguas índicas como el hindi, el urdu y el bengalí, y una serie de lenguas extintas, habladas antaño en lugares como Turquía y el Turkestán chino.

Todas las lenguas indoeuropeas descienden de un remoto antepasado común llamado *protoindoeuropeo* (PIE), que creemos que hablaban hace unos 6.000 años, en algún lugar del este europeo o del oeste asiático, gentes que no nos legaron ningún testimonio escrito. El establecimiento de la familia indoeuropea fue el gran logro de los lingüistas del siglo XIX.

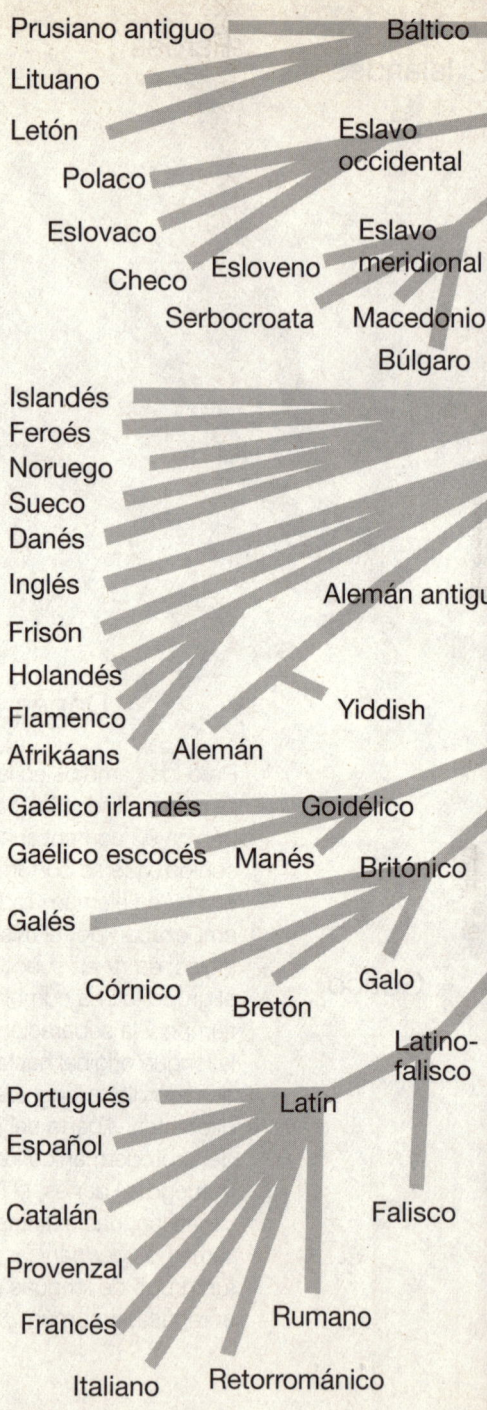

Prusiano antiguo — Báltico
Lituano
Letón
Polaco — Eslavo occidental
Eslovaco
Checo — Esloveno — Eslavo meridional
Serbocroata — Macedonio
Búlgaro
Islandés
Feroés
Noruego
Sueco
Danés
Inglés — Alemán antigu
Frisón
Holandés
Flamenco — Yiddish
Afrikáans — Alemán
Gaélico irlandés — Goidélico
Gaélico escocés — Manés — Britónico
Galés
Córnico — Galo
Bretón
Latino-falisco
Portugués — Latín
Español
Catalán — Falisco
Provenzal
Francés — Rumano
Italiano — Retorrománico

PIE

Balto-
eslavo

Eslavo
oriental

Ruso

aniano

Bielorruso

Proto-
germánico

rmánico septentrional

ermánico occidental

rmánico oriental

tico

Celta

Ilirio

Itálico

Albanés

Osco-
Umbro

Umbro

Osco

Griego

Indoiranio

Índico

Sánscrito

Iranio

Tocario

Tracio

Helénico

Armenio

Tocario A

Tocario B

Frigio

Anatolio

Hitita

Luvita

Licio

Lidio

Pahlavi

Persa

Avéstico

Sogdiano

Curdo

Baluchi

Pashto

Singalés

Punjabí

Guyaratí

Maratí

Bengalí

Asamés

Biharés

Hindi

Urdu

Romaní

Sindhi

Dard

Dárdico

Los orígenes remotos del inglés

Hasta ahí podemos rastrear la prehistoria del inglés. Hace unos 6.000 años, un pueblo sin escritura de algún lugar de Eurasia comenzó a expandirse. Hace unos 3.000 años, algunos de sus miembros entraron en Escandinavia, donde su habla evolucionó hasta el protogermánico. Los hablantes de esta lengua se propagaron hacia el sur, avanzando por el norte de Europa, donde su lengua se empezó a dividir en variantes regionales. Un grupo avanzó hasta la costa continental del mar del Norte, donde su habla evolucionó en variantes locales que denominamos *ingvaeonic*. Tras la retirada romana de Gran Bretaña, algunos de estos hablantes de ingvaeonic llegaron a Gran Bretaña, donde su habla se separó gradualmente de la de sus parientes continentales, hasta que llegó a ser tan diferente que hubo de considerarse una lengua distinta, la antepasada del inglés actual.

Los antepasados orientales del PIE

¿Y qué vino antes del PIE? El PIE tiene que haber descendido de un antepasado todavía anterior, por lo que podríamos confiar en seguir descubriendo parientes cada vez más remotos del inglés en algún lugar del mundo. Pero esto es difícil. Cuanto más atrás nos remontamos en el tiempo, mayor es el peso de los cambios acumulados que hemos de descifrar, más borrosa y confusa deviene nuestra visión de los hechos lingüísticos, y más remotas y difíciles de identificar se vuelven las posibles lenguas emparentadas.

De momento no se ha identificado ningún pariente del indoeuropeo. Varios lingüistas se han sentido intrigados por un posible vínculo con la cercana familia *urálica*, que incluye el finlandés y el húngaro entre otros.

98

Otros, mucho más ambiciosos, se esfuerzan por hallar evidencias de que tanto el indoeuropeo como el urálico están remotamente relacionados con un conjunto asombroso de familias de lenguas eurasiáticas, que incluyen el turco, el mongol, el tungús (en Siberia), el dravídico (en la India meridional), el kartveliano (en el Cáucaso), la inmensa familia afroasiática de Oriente Próximo (que incluye, entre otros, el árabe y el hebreo), y puede que aún más; esta propuesta se conoce como la hipótesis nostrática. Pero las evidencias disponibles en respaldo de estas ideas son demasiado precarias como para persuadir a la mayoría de los lingüistas de que estamos ante algo más que parecidos casuales. Puede que jamás hallemos parientes del indoeuropeo, aunque otras familias vivas estén, en efecto, muy remotamente relacionadas con él. Miles de años de cambio lingüístico resultan de suma eficacia a la hora de borrar los rastros de la ascendencia de una lengua. Con tiempo suficiente, todo cambia.

La paradoja saussureana

Y esto nos lleva a un tema célebre de la lingüística: la *paradoja saussureana*. ¿Cómo podemos seguir hablando eficazmente una lengua que está *cambiando constantemente*? Después de todo, ¿cómo podríamos jugar al ajedrez o al fútbol si las reglas estuvieran cambiando constantemente durante el juego?

¿Y CÓMO PODRÍAMOS JUZGAR UN CASO EN LOS TRIBUNALES SI LA LEY ESTUVIESE CAMBIANDO CONSTANTEMENTE DURANTE EL JUICIO?

Pues bien, la forma inglesa de esta oración nos da ya una clave:

...si la ley *estuviese* cambiando constantemente...

Hace mucho tiempo, el inglés poseía un repertorio completo de formas verbales distintas para referirse a situaciones hipotéticas, el *subjuntivo*. La mayoría de estas formas desaparecieron hace tiempo, pero sobreviven algunas, como la que aparece en *if it* **were** [*si estuviese*]. Podemos emplear o no esta forma, pero probablemente la reconoceremos al menos. Sigue existiendo en la lengua, aun cuando la mayoría de la gente dice hoy *if the law* **was** *constantly changing* [literalmente, *si la ley* **estaba** *cambiando constantemente*]. Algunos utilizan siempre *were* en esta construcción; algunos dicen siempre *was* pero entienden *were*; y algunos varían, usando *were* en unos casos pero *was* en otros.

Variación

La clave está en la *variación*. Ambas formas, *were* y *was*, coexisten en inglés, y ambas se emplean y se comprenden. Hace siglos, todo el mundo decía *were*. Y un día, todos dirán *was*. Entre tanto, tenemos variación. Y ahora entendemos que la variación es el vehículo del cambio. En el transcurso de un cambio, la forma vieja y la nueva coexisten, y casi todo el mundo está familiarizado con ambas, aun cuando algunos empleen sólo una de ellas. Con el tiempo, la forma más vieja deviene cada vez más infrecuente y la nueva cada vez más frecuente, hasta que un día no sobrevive nadie que use todavía la vieja forma, con lo que el cambio se ha consumado.

Así, por ejemplo, antes de la conquista normanda de Inglaterra, todos los hablantes del inglés decían *here* para referirse al ejército. Un tiempo después de la conquista, algunos comenzaron a utilizar el término francés normando *army* al hablar inglés. Ambas palabras coexistieron en inglés durante mucho tiempo. Pero cada vez más gente empezó a emplear más *army* que *here*, y llegó un día en que ya no quedaba nadie que dijese *here*, por lo que la palabra se extinguió. Este viejo término sólo pervive hoy en algunos topónimos, como *Hereford* en Inglaterra («*army-ford*» o «*vado del ejército*»), y sólo los especialistas saben lo que significa este nombre.

Estudios sociolingüísticos de la variación

En inglés se puede elegir entre *telephone* y *phone* [*teléfono*], entre *gymnasium* y *gym* [*gimnasio*], entre *omnibus* y *bus* [*autobús*], entre *brassière* y *bra* [*sostén*], y, con el tiempo, deja de usarse una forma, como ha ocurrido con *omnibus* y quizá también con *brassière*.

Del estudio de la variación en la lengua se ocupa la *sociolingüística*, pero a los sociolingüistas no sólo les interesa el cambio lingüístico. Por ejemplo, les interesa también el habla de *hombres* y *mujeres*. En algunas lenguas, hombres y mujeres hablan de modo muy distinto: emplean pronunciaciones, palabras e incluso terminaciones gramaticales diferentes.

Para los hablantes del japonés, «estómago» es *hara* para los hombres pero *onaka* para las mujeres. Para los hablantes del koasati en Luisiana, «¡levántalo!» es *lakawhol* cuando hablan las mujeres pero *lakawhos* cuando hablan los hombres.

En inglés no ocurre nada parecido, pero también existen diferencias sexuales en el habla. Para una mujer, un suéter puede ser *burgundy* [*borgoña*], mientras que para un hombre sólo es *red* [*rojo*]. Para una mujer es normal decir *Llevas una chaqueta preciosa, Susie*, mientras que, para un hombre, decir...

...se considera inaceptable en la mayoría de los casos.

La lingüista británica Jennifer Coates ha desvelado recientemente una diferencia importante entre el habla de los hombres y las mujeres. Coates ha estudiado conversaciones de hombres y de mujeres, y ha descubierto diferencias sorprendentes.

El habla masculina frente al habla femenina

En las conversaciones de hombres, éstos respetan los turnos de palabra.

CADA HOMBRE HABLA EN SU TURNO MIENTRAS LOS DEMÁS PERMANECEN CALLADOS, SALVO ALGÚN MURMULLO OCASIONAL PARA MOSTRAR QUE ESTÁN SIGUIENDO Y COMPRENDIENDO LO QUE SE DICE.

SÍ

MMM

DESDE LUEGO

Pero las mujeres no actúan así. Por el contrario, mientras una mujer habla, las otras meten baza constantemente apoyando con sus intervenciones, desde un «¡Eso es!» hasta completar la oración de la que habla.

ASÍ, MIENTRAS UNA CONVERSACIÓN MASCULINA ES UNA SUCESIÓN DE MONÓLOGOS,

UNA CONVERSACIÓN FEMENINA ES MÁS BIEN...

...UNA LABOR COOPERATIVA,

EN LA QUE TODAS LAS MUJERES PARTICIPAN...

EN LA CONSTRUCCIÓN DE UN DISCURSO QUE ES OBRA DE TODAS ELLAS.

Lógicamente, esta diferencia provoca confusiones en las conversaciones entre ambos sexos. Mientras habla el hombre, la mujer no deja de meter baza respaldándole con sus comentarios, según el estilo femenino habitual. Pero es muy probable que el hombre, que no está acostumbrado a esto, interprete estas observaciones como interrupciones, aunque no lo sean, y se enfade mucho. Probablemente por ello muchos hombres creen de veras que las mujeres les interrumpen todo el tiempo, cuando la observación demuestra que, en las conversaciones entre ambos sexos, son los hombres quienes más interrumpen.

Variación y contexto social

La variación es omnipresente en la lengua. Los hombres no hablan
como las mujeres. Los fontaneros no hablan igual que los
corredores de Bolsa. Los londinenses no hablan como los de
Glasgow. Los estudiantes no hablan como los coroneles retirados.
Los pinchadiscos no hablan igual que los locutores. Hallamos por
doquier una variación infinita.

Hasta una misma persona habla de distinto modo en
circunstancias diferentes. Con tus amigos en el bar, podrías
excusarte diciendo «Voy a mear», pero no harías lo mismo al hablar
educadamente con las amigas de tu madre o en una entrevista de
trabajo en un banco. No escribirías un ensayo o un informe de la
misma forma que una carta personal a tu amante. Y los que
anuncian por megafonía en un hipermercado parecen recurrir a
una variedad del idioma desconocida para el resto de la población.

AtenciónseñoresclientesLes informamosdeque todosnuestros artículosdeperfume ríatienenesta semanaun treintaporcientodedescuento.

Esta variación no sólo afecta a los grupos y contextos sociales, sino también al momento y al lugar. En diversos momentos, lugares y contextos a lo largo de nuestra vida, hemos descrito algo extraordinariamente bueno como *genial, estupendo, guay, chachi, increíble, excelente, magnífico, superior, impresionante, alucinante, asombroso, fantástico* y de otras mil maneras.

Una de las cosas más sorprendentes de nuestro uso del idioma es la capacidad de expresar significados que no están realmente presentes. Supongamos que estamos planeando ir a una fiesta de navidad y discutimos quién debería conducir. Alguien comenta...

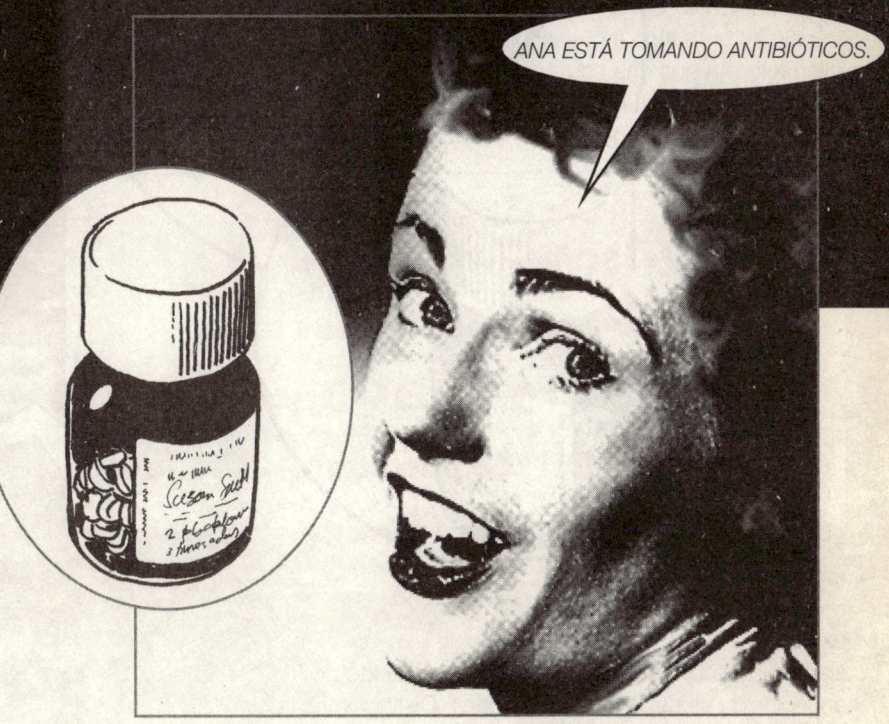

¿Qué interés tiene este comentario aparentemente irrelevante? Desde luego, no tiene nada de irrelevante. En este contexto, significa «Ana puede conducir». ¿Por qué? Porque, con nuestra experiencia del mundo, sabemos que en las fiestas navideñas se bebe mucho, que la gente que bebe no puede conducir sin riesgos y que a las personas que están tomando antibióticos no se les suele permitir beber. Por tanto, en nuestro ejemplo, Ana es una buena candidata a conductora.

Es decir, en nuestro contexto, el enunciado *Ana está tomando antibióticos* se interpreta como *Ana es la conductora idónea*. Pero esto es extraño. Está claro que *Ana está tomando antibióticos* no significa realmente eso. Sin embargo, interpretamos de este modo el enunciado en virtud de nuestro conocimiento del mundo.

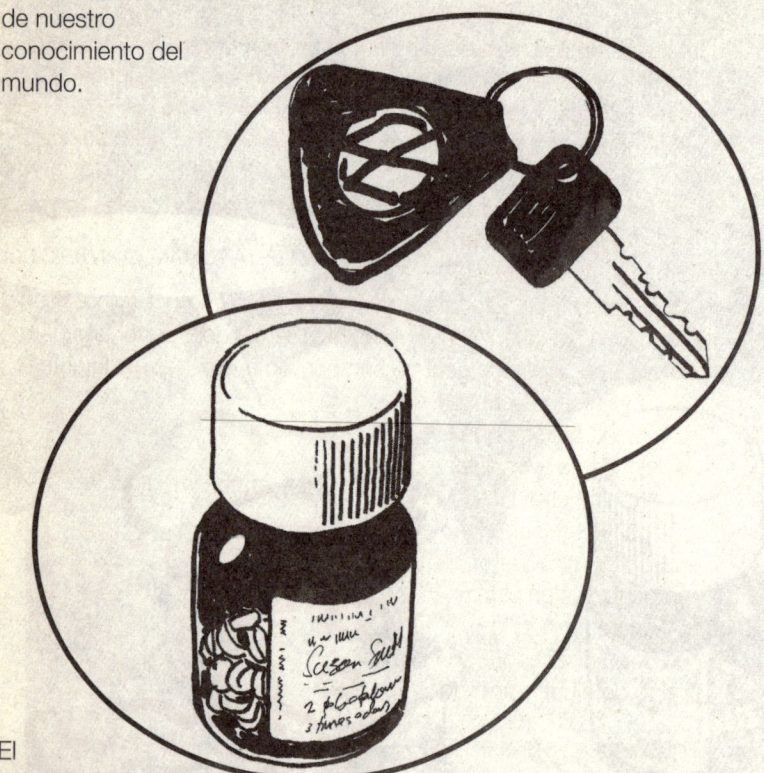

El estudio de nuestra manera de extraer significados comunicativos a partir del contexto de enunciación se denomina *pragmática*. Distinguimos la pragmática de la *semántica*, el estudio de los significados derivados íntegramente de las formas lingüísticas. Consideremos brevemente los diferentes enfoques semánticos y pragmáticos en las páginas siguientes.

La semántica

Hay aspectos del significado inherentes a las *formas* lingüísticas y no meramente dependientes del *contexto*. El estudio de estos aspectos intrínsecos del significado se denomina *semántica*. La semántica es un tema sorprendentemente difícil de investigar.

Consideremos una palabra tan familiar como **perro**. ¿Podemos escribir una definición de *perro* que resulte adecuada para distinguir cualquier perro de cualquier no-perro? No es tan sencillo. Supongamos que probamos con ésta:

Un perro es un animal peludo de cuatro patas, orejas largas y cola; ladra, come carne y vive con gente.

De acuerdo. Pero el chihuahua no tiene pelo: entonces ¿no es un perro? El basenji no ladra, y seguimos llamándolo perro. Los perros salvajes no viven con gente: ¿son por ello una especie diferente? ¿No? ¿Entonces por qué no son perros los zorros ni los lobos? Estos animales se parecen mucho a los perros, y el zorro incluso ladra. Una fotografía de un perro ¿es un perro? ¿Y un perro muerto? ¿Y un perro disecado? ¿y un perro de dibujos animados?

¿NO SOY UN PERRO?

Al parecer no podemos definir con precisión una palabra tan simple como *perro*. De todos modos, parece que sabemos qué significa la palabra y la usamos sin dificultad. Y, si *perro* es difícil, ¿cómo definir *pequeño*, *verde*, *evasivo*, *democracia* o *pornografía*? Casi parece un milagro que podamos hablar unos con otros.

Los significados están interconectados

Pero las palabras no tienen significado sólo por separado. Buena parte de su significado proviene de su conexión con otros términos. Consideremos los significados de las palabras *cumplió*, *corrió* y *perdió* en los ejemplos siguientes:

Susana cumplió su promesa.
Susana cumplió quince años.

Natalia corrió el maratón.
Natalia corrió la cortina.

Alicia perdió su cepillo de dientes.
Alicia perdió su virginidad.

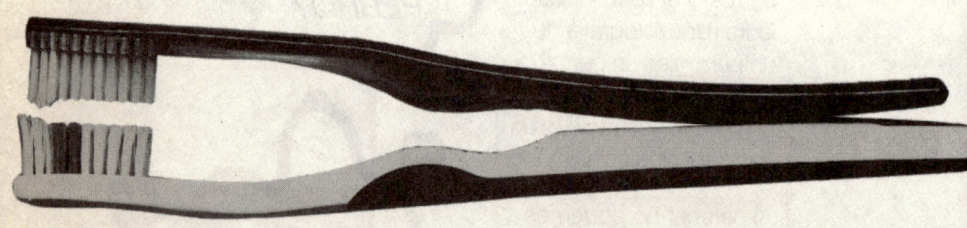

Está claro que los significados que asignamos a las palabras dependen de los significados de los términos que les acompañan. A hechos como éste obedece la dificultad de la semántica. En la década de 1940, los estructuralistas estadounidenses se exasperaron tanto con el farragoso asunto del significado que excomulgaron en la práctica a la semántica del campo de la lingüística durante algún tiempo, aunque ésta volvería al redil en la década de 1960.

La pragmática

El término *pragmática* lo acuñó el filósofo estadounidense C. S. Peirce (1839-1914). Pero sólo en la década de 1930 otro filósofo estadounidense, Charles Morris (1901-1979), comenzó a aplicar el término a determinados aspectos del *comportamiento* lingüístico.

Morris entendía el término en un sentido mucho más amplio, que abarcaba múltiples dimensiones de la conducta social y psicológica. Este sentido aún es habitual en Europa, donde a veces se entiende que la pragmática comprende incluso el estudio de las *creencias* que subyacen al comportamiento lingüístico.

No obstante, la aplicación del término en el mundo de habla inglesa ha ido limitándose al estudio de los significados derivados de los *contextos* de enunciación, por oposición a los significados inherentes a las formas lingüísticas. En consecuencia, los lingüistas y los filósofos han llegado a entender que existen dos clases de significado lingüístico y que, para comprenderlas, se requieren dos enfoques diferentes.

La **semántica** considera que el significado de la lengua está contenido en la forma lingüística.

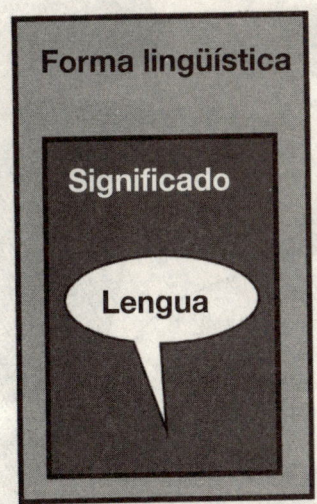

Forma lingüística

Significado

Lengua

Contexto

Significado

Lengua

La **pragmática** considera que el significado de la lengua está contenido en su contexto.

Cuestiones pragmáticas

Mientras tanto, los filósofos investigaban cuestiones pragmáticas sin usar el término. En la primera mitad del siglo XX, los filósofos británicos Bertrand Russell (1872-1970) y Peter Strawson (n. 1919) se enzarzaron en un debate sobre la oración...

El rey de Francia es calvo.

¿Qué sucede si no hay ningún rey en Francia?

> COMO LA ORACIÓN NO PUEDE SER VERDADERA, DEBE SER SIMPLEMENTE FALSA.

> CARECE DE SENTIDO PREGUNTAR SI ESTA ORACIÓN ES VERDADERA O FALSA. SI NO HAY NINGÚN REY, UN ENUNCIADO DE ESTA FORMA ES SIMPLEMENTE INAPROPIADO, INCUMPLE LAS NORMAS DEL COMPORTAMIENTO LINGÜÍSTICO NORMAL.

La influencia de la tesis de Strawson ha alentado en los lingüistas la idea de que no se puede comprender totalmente el significado sin referencia al contexto.

La extensión de la pragmática

En la década de 1960, el filósofo británico Paul Grice hizo contribuciones innovadoras a la pragmática al proponer un conjunto de reglas o *máximas* que gobiernan la estructura de las conversaciones. Una de ellas es la máxima de la **relevancia**, en virtud de la cual asumimos que todo lo que oímos pretende ser una contribución relevante a la discusión.

En el ejemplo anterior, cuando preguntamos quién puede conducir y oímos que «Ana está tomando antibióticos», damos por sentado que esta respuesta pretende ser una *contribución relevante*, y la interpretamos en consecuencia, recurriendo para ello a todas nuestras experiencias y conocimientos previos. Hacemos este tipo de cosas continuamente, aunque rara vez nos percatemos de ello.

Todo lo relevante para la elección de un conductor para la fiesta de navidad.

Otras dos máximas de Grice son las de la *calidad* y la *cantidad*.
Supongamos que le digo...

Tengo dos hijos.

En virtud de la *calidad*, usted concluirá que ni *carezco* de hijos
ni tengo *uno* sólo, pues en tal caso estaría violando la máxima
de la calidad. O, sencillamente, estaría mintiendo.

En virtud de la *cantidad*, concluirá que tengo
exactamente *dos* hijos, no tres o cuatro.
Si digo esto cuanto tengo tres hijos,
no estoy mintiendo en sentido
estricto, pero lo cierto es que
estoy siendo poco cooperativo.

En el análisis de Grice, usted
asumirá que estoy
cooperando, que obedezco la
máxima de la cantidad y, por
consiguiente, que tengo
exactamente dos hijos.

Acepto que está diciendo la verdad y toda la verdad.

¿De dónde viene el lenguaje?

En primer lugar, ¿cómo penetra el lenguaje en nuestro cerebro? En tiempos remotos, la gente tendía a creer con frecuencia en la existencia de un lenguaje «natural» humano, que los niños abandonados a su suerte aprenderían a hablar automáticamente, sin formación alguna. El faraón egipcio Psamético y el rey inglés Jaime I, entre otros, llevaron a cabo bárbaros experimentos.

SUPONGAMOS QUE CRÍO A RECIÉN NACIDOS AISLADOS. QUIZÁS ESOS NIÑOS EMPIECEN A HABLAR INGLÉS «DE FORMA NATURAL».

Lo cierto es que esos pobres niños no aprendieron lengua alguna.

Hoy sabemos que el niño que se críe aislado jamás aprenderá una lengua. El contacto con otras personas es esencial en la adquisición de una primera lengua. Pero este conocimiento no nos aclara cómo tiene lugar dicha adquisición.

La tesis de Skinner atacada por Chomsky

En 1957, el psicólogo conductista estadounidense B. F. Skinner publicó *Conducta verbal*, un libro que defiende que los niños adquieren su primera lengua tratando de imitar el habla de los adultos que oyen a su alrededor. Según la tesis de Skinner, la adquisición tiene lugar mediante un proceso de imitación y refuerzo.

UNA BUENA IMITACIÓN DEL HABLA ADULTA SE VE RECOMPENSADA CON ELOGIOS Y SONRISAS, MIENTRAS QUE SE DISUADE DE LA MALA MEDIANTE CORRECCIONES Y CEJAS FRUNCIDAS.

POR TANTO, SE EMPUJA GRADUALMENTE AL NIÑO A APROXIMARSE CADA VEZ MÁS AL HABLA ADULTA, HASTA QUE ACABA HABLANDO COMO UN ADULTO.

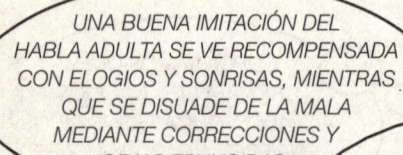

*LA TESIS DE SKINNER ES **FALSA**, UNA **FALSEDAD** DE PRINCIPIO A FIN.*

En su reseña del libro de Skinner, Noam Chomsky, por entonces un joven desconocido, lo sometió a una crítica mordaz y demoledora. Y con razón. Varias décadas de meticulosa investigación nos han revelado mucho sobre cómo adquieren su primera lengua los niños, y la adquisición resulta totalmente diferente de lo que supusiera Skinner.

Los niños construyen reglas

Si Skinner estuviera en lo cierto, los niños efectuarían aproximaciones más o menos azarosas al habla adulta y cometerían errores más o menos aleatorios. Pero no es esto lo que sucede. Docenas de investigaciones nos han mostrado que los niños adquieren el lenguaje en un proceso muy ordenado. No realizan aproximaciones azarosas al habla adulta ni cometen errores fortuitos.

ANTES BIEN, HACEN ALGO TOTALMENTE DIFERENTE.

CONSTRUIMOS REGLAS.

Consideremos el participio en castellano. La mayoría de los verbos castellanos forman participios regulares: *amar/amado, temer/temido, partir/partido*, etc. Pero algunos verbos, incluidos verbos de uso muy frecuente, tienen participios irregulares: *hacer/hecho, decir/dicho, romper/roto*, etc. Los niños que aprenden castellano adquieren pronto estas formas irregulares, y dicen *hecho*, *dicho* y *roto*.

117

Después de algún tiempo comienzan a aprender las formas regulares como *amado* y *partido*. De repente caen en la cuenta. El niño se percata de que existe una regla para formar participios y empieza encantado a decir *arreglado*, *viajado*, *pegado*.

NO OBSTANTE, ABANDONA AL MISMO TIEMPO LAS FORMAS IRREGULARES COMO **HECHO** Y **ROTO**, Y EMPIEZA A DECIR **HACIDO** Y **ROMPIDO**.

...FORMAS QUE **NUNCA** LES OÍMOS A LOS ADULTOS.

DESPUÉS DEBE VOLVER A APRENDER CON DIFICULTAD LAS FORMAS IRREGULARES COMO **HECHO** Y **ROTO**.

Otra observación es la adquisición de la *negación* en inglés. Al principio, el niño no profiere negación alguna. Luego empieza a construir enunciados negativos por medio de una palabra negativa invariable, normalmente *no*, colocada al principio:

No I want milk.

Más tarde, este *no* se desplaza junto al verbo:

I no want milk.

Finalmente, aparecen los auxiliares negativos bastante complejos:

I don't want milk. [No quiero leche.]

Ejemplo de construcción activa

Un ejemplo sencillo pero sorprendente es la adquisición de los plurales en inglés. Al principio el niño no forma ningún plural. Luego aprende un número suficiente de plurales regulares, como *cats* [*gatos*], *biscuits* [*galletas*] y *toys* [*juguetes*], hasta que adivina la regla y comienza a formar nuevos plurales con suma facilidad: *catalogues* [*catálogos*], *lawnmowers* [*cortacéspedes*], *nurses* [*enfermeras*].

Podemos comprobar si los niños adquieren esta regla. Mostremos a un niño un muñeco y digámosle: *Mira, esto es un wug*, siendo *wug* una palabra inventada que jamás ha oído antes. Mostrémosle luego otro: *Mira, aquí tienes otro wug. ¿Ahora tenemos dos...?* Si el niño forma *wugs* correctamente es que ha aprendido la regla.

Si esto es un WUG...

...entonces, ¿qué son éstos?

Los hablantes adultos del inglés aprendimos esta regla hace mucho y la aplicamos fácilmente a diario para formar nuevos plurales: *CD-ROMs*, *laptops*, *e-mails*, *wusses*.

Estas observaciones muestran con claridad que el niño no procede por memorización ni por imitación; debe estar construyendo reglas. Y éste es uno de los hallazgos de mayor calado de la lingüística moderna: al aprender una primera lengua, el niño *construye activamente* la lengua sobre la marcha.

De hecho, la mayoría de los lingüistas están hoy convencidos de que los niños nacen con una facultad lingüística biológica, una disposición innata a adquirir la lengua. Para ponerse en marcha, esta facultad innata sólo requiere una cierta cantidad de estimulación por parte de otras personas.

La creación de una lengua

Los seres humanos podemos aprender a hacer una infinidad de cosas: a manejar el álgebra, a hacer vino, a tocar la guitarra, a excavar pozos petrolíferos, a cocinar, a patinar sobre hielo.

PODEMOS APRENDER A CONDUCIR UN COCHE.

Pero se trata de meros logros eventuales. Muchas personas viven sin aprender jamás estas cosas. Sin embargo, todos los niños sanos, con independencia de su inteligencia o de sus circunstancias, aprenden una primera lengua en cuanto pueden. Como muestra el ejemplo nicaragüense, los niños están tan dispuestos a aprender el lenguaje que aprenderán una lengua aun cuando no estén expuestos a ninguna.

Existen otros casos que refuerzan esta tesis.

El *pidgin*

Muchas veces a lo largo de la historia se han reunido personas que carecían de una lengua en común. Tal fue el caso de los africanos traídos a las Américas como esclavos, o de las personas traídas de una docena de países para trabajar en las plantaciones de azúcar de Hawai. Y le ha sucedido a la población de Papúa Nueva Guinea, recientemente unida en una nueva nación con cientos de lenguas indígenas.

En tales circunstancias, la gente reacciona invariablemente de la misma manera...

Un *pidgin* es una lengua rudimentaria, con un vocabulario reducido y una gramática muy precaria. Se trata de un sistema de comunicación pobre y limitado, pero eficaz para propósitos simples, y toda la comunidad aprende a manejarlo.

Lenguas criollas

Pero entonces algunos miembros de la comunidad se casan y tienen hijos. Y, hablen lo que hablen en casa, los hijos sólo disponen del *pidgin* para hablar con otros niños. Los resultados son predecibles.

EN MUY POCO TIEMPO, COGEMOS ESTE PIDGIN Y LO TRANSFORMAMOS EN UNA LENGUA AUTÉNTICA.

INCORPORAMOS TODA CLASE DE ELABORACIONES GRAMATICALES, COMO CLÁUSULAS RELATIVAS Y MARCADORES TEMPORALES, QUE NO EXISTÍAN EN EL PIDGIN QUE APRENDIMOS.

Y AMPLIAMOS MUCHO EL VOCABULARIO PARA PODER HABLAR CON FACILIDAD DE LO QUE QUERAMOS.

En resumidas cuentas, crean una nueva lengua natural, y los niños que la crean son los primeros hablantes nativos de dicho idioma. Esta nueva lengua se denomina *criolla*.

Sólo en los últimos siglos han aparecido varias docenas de lenguas criollas en el Caribe, África, Asia, Hawai y en otros lugares. Todas ellas atestiguan ese poderoso instinto humano de construcción de una lengua. Cuando los niños construyen una lengua criolla, no sólo aprenden un idioma que sus padres desconocen, aprenden un idioma que ni siquiera existía. Al igual que el lenguaje de signos nicaragüense, las lenguas criollas nos brindan evidencias de que aprender un primer idioma no es sólo un logro eventual. Nuestra facultad lingüística es parte de nuestra **biología**, algo incorporado a nuestros genes.

COMO EL SISTEMA DE ECOLOCALIZACIÓN DE LOS MURCIÉLAGOS...

...O LAS TÉCNICAS DE VUELO DE LARGA DISTANCIA DE LOS GANSOS.

La mayoría de los lingüistas actuales creen que nuestra excepcional facultad lingüística existe porque la desarrollaron algunos de nuestros antepasados remotos. Y, desde entonces, los niños humanos nacen con el impulso biológico de construir y usar una lengua.

La gramática universal de Chomsky

El «impulso lingüístico» es exclusivo de nuestra especie, ningún otro animal se aproxima siquiera remotamente a nuestra capacidad de aprender y emplear el lenguaje. Nosotros hablamos al igual que los pájaros cantan, y por las mismas razones. El reconocimiento de nuestra facultad lingüística biológica ha permitido a los lingüistas sumar sus fuerzas a las de los psicólogos, filósofos, informáticos y estudiosos de la inteligencia artificial, para sentar las bases de una nueva disciplina: la ciencia cognitiva. Pero ¿en qué medida está genéticamente configurado nuestro lenguaje?

El lingüista estadounidense Noam Chomsky lleva décadas defendiendo una concepción muy fuerte de nuestra dotación lingüística innata.

SOSTENGO QUE NACEMOS CON UNA SERIE DE REGLAS GRAMATICALES MUY ESPECÍFICAS EN LA CABEZA. ES LO QUE LLAMO **GRAMÁTICA UNIVERSAL** O GU.

GU

Veamos un ejemplo de GU. Consideremos las siguientes oraciones del inglés y preguntémonos en cuáles de ellas puede referirse a Susie el pronombre *she* [*ella*].

1. Susie had a shower after she got up. [Susie se duchó después de levantarse.]

2. After she got up, Susie had a shower. [Después de levantarse, Susie se duchó.]

3. After Susie got up, she had a shower. [Susie, después de levantarse, se duchó.]

4. She had a shower after Susie got up. [Se duchó después de levantarse Susie.]

¿Podría ser Susie?

Todos los hablantes del inglés convendrán en que **she** puede referirse a **Susie** en las tres primeras oraciones, **pero no en la cuarta**.

Pero ¿por qué? Después de todo, las cuatro oraciones constan de las mismas palabras y poseen estructuras muy semejantes.

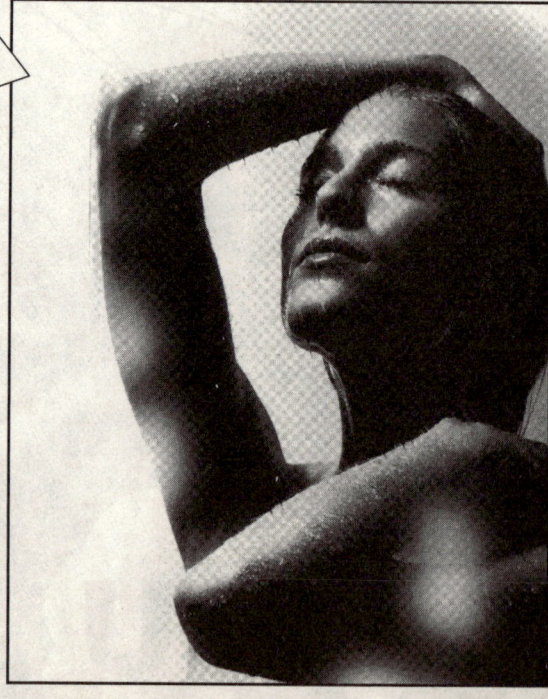

¿Cuál es la regla?

Pues bien, existe una regla al respecto. Se ha revelado posible formular dicha regla con una precisión considerable, aunque sólo dentro del contexto de una teoría sintáctica cuidadosamente articulada. La primera versión, propuesta por Ronald Langacker en 1969, tiene forma de prohibición.

Una anáfora no puede preceder y regir a la vez su antecedente.

Las formulaciones recientes de la regla son algo diferentes, pero no menos incomprensibles para el lector no versado en teoría lingüística.

TODOS LOS HABLANTES NATIVOS DEL INGLÉS CONOCEMOS ESTA REGLA. JAMÁS LA VIOLAMOS AL HABLAR, Y NUNCA MALINTERPRETARÍAMOS UNA ORACIÓN COMO (4) CUANDO ALGUIEN LA USASE.

Pero ¿cómo aprendimos esta regla?

Nuestros padres jamás nos la enseñaron. No la aprendimos en la escuela. De hecho, la mayoría de nosotros ni siquiera somos conscientes de que existe una regla al respecto hasta que alguien llama nuestra atención sobre ella.

SIN EMBARGO, CABE ALEGAR QUE CONOCEMOS LA REGLA. LA TENEMOS EN LA CABEZA. PERO ¿CÓMO?

Chomsky propone que esta regla es parte de la GU. Hay algo en la GU, con lo que hemos nacido, que permite que *she* se refiera a *Susie* en tres oraciones pero no en la cuarta. Esta regla, como la GU en general, es *innata*. Nacemos con ella.

Innatismo lingüístico

La idea chomskiana de que la GU es innata se conoce como la hipótesis del *innatismo lingüístico* y es muy polémica. Muchos filósofos, psicólogos y lingüistas la han rechazado. Para muchos de estos críticos, el innatismo no es realmente una hipótesis, sino una renuncia a la investigación científica.

LAS REGLAS ESTÁN AHÍ PORQUE SÍ, Y CÓMO LLEGAN A ESTAR AHÍ NO ES UNA CUESTIÓN **LINGÜÍSTICA**.

Por supuesto, podemos tratar de evaluar esta hipótesis innatista investigando su presunta universalidad. Si Chomsky está en lo cierto, los hablantes de todas las lenguas humanas han de tener en su cabeza la misma GU, por lo que sus lenguas deben tener más o menos las mismas reglas.

Así pues, el examen riguroso de las reglas gramaticales de una gran variedad de idiomas debería arrojar alguna evidencia en uno u otro sentido. Y, desde luego, hay lingüistas que han emprendido investigaciones de este tenor. Pero la tarea es ardua.

La mayoría de las lenguas bien conocidas y cuidadosamente investigadas son lenguas europeas...

Pero todos estos idiomas están relacionados (todos descienden de un antepasado común). Y, además, sus hablantes mantienen un estrecho contacto desde hace muchos siglos. De ahí que quepa esperar toda suerte de semejanzas entre estas lenguas, por razones *no biológicas*.

Obstáculos para la confirmación de la GU

Lo que realmente necesitamos es información fiable y detallada sobre un abanico de idiomas inconexos y geográficamente dispersos: lenguas de las Américas, África, Siberia, el sudeste asiático, Australia y el Pacífico.

PERO, POR RAZONES PRÁCTICAS EVIDENTES, MUY POCAS DE ESTAS LENGUAS SE HAN EXAMINADO O DESCRITO HASTA AHORA CON DETALLE.

Los lingüistas dispuestos a afrontar las incomodidades de las selvas tropicales, el permafrost siberiano, las guerras tribales y otros peligros suelen ser lingüistas cuyo principales intereses y objetivos no incluyen las cuestiones teóricas relevantes para la hipótesis innatista.

NO FORMULAN LAS PREGUNTAS CRUCIALES PERTINENTES.

Se trata de obstáculos ciertamente colosales. No obstante, hemos logrado un repertorio de datos relevantes de varias lenguas, datos que podemos escudriñar para confirmar o refutar las hipótesis innatistas. Pero los resultados han sido hasta ahora de lo más exasperante.

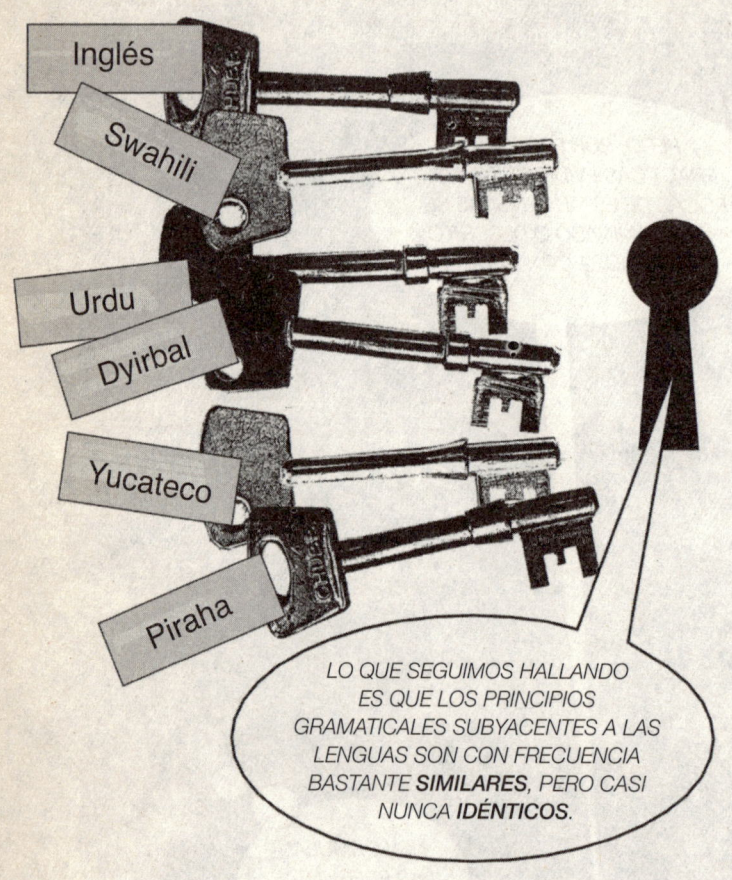

Inglés

Swahili

Urdu

Dyirbal

Yucateco

Piraha

LO QUE SEGUIMOS HALLANDO ES QUE LOS PRINCIPIOS GRAMATICALES SUBYACENTES A LAS LENGUAS SON CON FRECUENCIA BASTANTE **SIMILARES**, PERO CASI NUNCA **IDÉNTICOS**.

En consecuencia, algunos seguidores del innatismo chomskiano han reaccionado concluyendo que los principios de la GU deben de ser más abstractos de lo que sospechamos. Dichos principios sólo pueden formularse con un alto grado de abstracción, distante de las formas superficiales de los enunciados, que resultan sólo de la interacción de los principios abstractos con otros mecanismos y requisitos.

Respectivamente, con respeto

Pero muchos críticos han aducido que este refugio en la abstracción es vano y contraproducente: si nuestros principios son suficientemente abstractos y están lo bastante aislados de los datos observables, se tornan infalsables e inverificables. Es decir, cualquier principio abstracto puede hacerse compatible con cualquier conjunto de datos, con lo que ya no tendremos una hipótesis científica verificable, sino un artículo de fe.

Hay otros problemas: se suscitan importantes cuestiones teóricas a propósito de la existencia y la interpretación de oraciones en inglés con el término *respectively* [*respectivamente*], tales como:

Jan and Larry drank whisky and sherry, respectively [Jan y Larry bebieron whisky y jerez respectivamente.]

Según algunos lingüistas, el uso de tales oraciones ilustra ciertas cuestiones importantes acerca de la GU. Por desgracia, otros han examinado dichas oraciones y han descubierto algo importante y fascinante. Estas oraciones sólo las emplean los hablantes del inglés muy cultos. En cambio, los hablantes incultos del inglés no sólo no utilizan semejantes oraciones, sino que ni siquiera las comprenden cuando se topan con ellas.

«RESPECTIVELY» [«RESPECTIVAMENTE»] NO SIGNIFICA QUE BEBIMOS JEREZ Y WHISKY «CON RESPETO»...

SINO QUE **ÉL** BEBIÓ JEREZ Y **YO** BEBÍ WHISKY.

¿Innato o adquirido?

Parece que las oraciones con *respectively* no nos revelan nada sobre nuestra facultad lingüística innata. Antes bien, el uso y la interpretación de las mismas parece ser algo *adquirido* sólo mediante la educación formal. Pero, si parte de nuestro comportamiento lingüístico se adquiere sólo mediante la educación, ¿cómo podemos estar seguros de que algún aspecto del uso del lenguaje es innato y no aprendido? ¿Podemos tener la certeza de que *cualquier* aspecto del uso del lenguaje es innato, como afirma Chomsky...

...O MERAMENTE APRENDIDO MEDIANTE LA EXPERIENCIA...

...como sugiere, entre otros, el gran psicólogo suizo Jean Piaget?

Planificación lingüística

Por consiguiente, aunque pocos lingüistas dudan de que nuestra facultad lingüística forme parte de nuestra biología, son muchos los que dudan de que alcance el grado de detalle que sugiere Chomsky.

Sabemos que la estructura de una lengua puede hallarse sustancialmente determinada por los programas políticos o educativos. En los siglos XIX y XX, varias lenguas europeas se usaron por primera vez como lenguas nacionales de nuevos Estados-nación: el noruego, el finlandés, el búlgaro, el checo y otras. En cada caso, fue necesario acordar una forma estándar para una lengua que había carecido de ella, y crear una serie de vocablos nuevos para hablar de temas técnicos, de la filosofía a los motores de coches, de la lingüística a la física nuclear. Este tipo de trabajo se denomina *planificación o ingeniería lingüística*; es laborioso y exige mucho tiempo.

La ingeniería del euskera

Tomemos el caso del euskera, que no comenzó a estandarizarse
hasta la década de 1960. Nunca había contado con una forma
estándar y se hablaba en numerosas variantes locales en los
valles. He aquí una pequeña muestra de la clase de variación local
a la que se enfrentaron los planificadores lingüísticos cuando
empezaron a trabajar en una nueva forma estándar.

«piedra»	arri	harri		
«venir»	etorri	ethorri	jin	jaugin
«palabra»	berba	itz	hitz	
«nutria»	urtxakur	ugabere		
«me gusta»	gustatzen jata	gustatzen zait	atsegin dut	laket zaut
«lo haré»	eingo dot	egingo det	eginen dut	
«hasta luego»	ikusi arte	ikhus arte		

Imaginemos que nos enfrentamos a miles y miles de diferencias
regionales como éstas, y tratamos de convenir un repertorio único
de formas que satisfagan a todos. Pero, tras varias décadas, los
vascos llevan muy avanzado su proyecto, que se debería culminar
en un futuro próximo, al igual que otros, como los finlandeses, que
ya han concluido sus proyectos de planificación lingüística.

El inglés nunca ha sido objeto de una planificación lingüística a esta escala. Esto no se debe a que carezca de diferencias regionales o sociales (que son abundantes), sino sólo a que nuestros antepasados permitieron la emergencia de una forma estándar de la lengua, sin centralización alguna y sin apenas planificación organizada. Este azaroso proceder ha tenido un éxito sorprendente a la hora de producir una sola forma estándar del inglés, con pequeñas diferencias regionales.

Y ESTE **INGLÉS ESTÁNDAR**, CON TODAS SUS LIMITACIONES Y SUS CURIOSIDADES HISTÓRICAS, ES EL QUE APRENDEMOS EN LA ESCUELA Y USAMOS EN PÚBLICO.

El inglés estándar

Por circunstancias históricas, el inglés estándar exige decir:

I did it	y no	*I done it*
[Lo hice]		
He doesn't know	y no	*He don't know*
[Él no sabe]		
I saw him	y no	*I seen him*
[Le vi]		
I haven't finished	y no	*I ain't finished*
[No he acabado]		

y otras innumerables formas que les suenan de hecho muy extrañas a los hablantes poco cultos del inglés coloquial, por no mencionar palabras como *respectively*, por supuesto.

De haberse dado otras circunstancias, los profesores de inglés más severos harían todo lo posible para erradicar usos tan «ignorantes» e «incultos» como *He doesn't do it* [*Él no lo hace*] y *I saw it* [*Lo vi*], y enseñar en su lugar a sus alumnos usos tan refinados y cultos como *He don't do it* y *I seen it*.

Debo escribir siempre ain't.
Debo escribir siempre ain't.
Debo escribir siempre aain't.
Debo escribir siempre ain't.
Debo escribir siempre ain't.
Debo escribir siempre ain't
Debo escribir siempre ain't
ibir siempre ain

El sexismo en la lengua

El inglés no ha destacado por su planificación lingüística. Pero algunos abogan hoy por una ingeniería lingüística decidida de nuestra lengua en un terreno concreto: el sexismo.

Como muchos idiomas, el inglés incorpora una buena dosis de sexismo, patente, por ejemplo, en el uso genérico de *man* [*hombre*] o del posesivo masculino *his* [*su (de él)*].

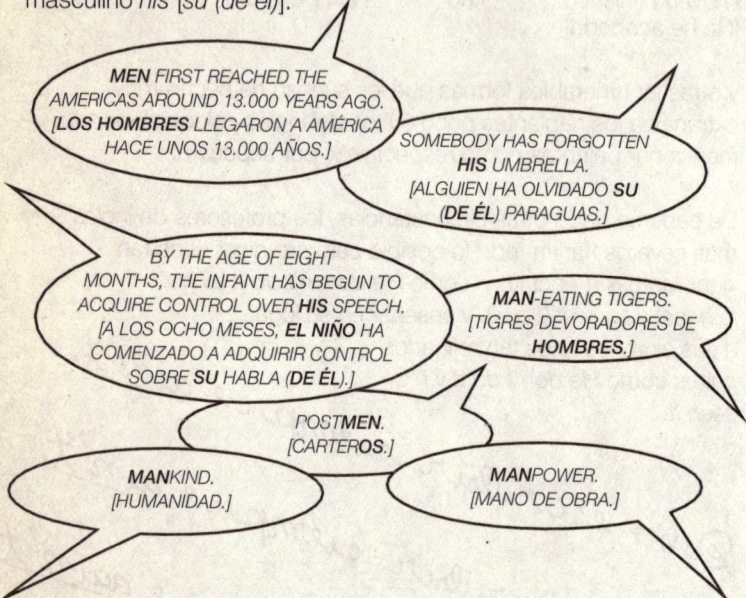

MEN *FIRST REACHED THE AMERICAS AROUND 13.000 YEARS AGO.* [**LOS HOMBRES** *LLEGARON A AMÉRICA HACE UNOS 13.000 AÑOS.*]

SOMEBODY HAS FORGOTTEN **HIS** *UMBRELLA.* [*ALGUIEN HA OLVIDADO* **SU** *(DE ÉL) PARAGUAS.*]

BY THE AGE OF EIGHT MONTHS, THE INFANT HAS BEGUN TO ACQUIRE CONTROL OVER **HIS** *SPEECH.* [*A LOS OCHO MESES,* **EL NIÑO** *HA COMENZADO A ADQUIRIR CONTROL SOBRE* **SU** *HABLA (DE ÉL).*]

MAN-*EATING TIGERS.* [*TIGRES DEVORADORES DE* **HOMBRES**.]

*POST***MEN**. [*CARTER***OS**.]

MAN*KIND.* [*HUMANIDAD.*]

MAN*POWER.* [*MANO DE OBRA.*]

Hoy tratamos de hallar maneras de hablar y de escribir menos sexistas. A veces disponemos de soluciones simples: *letter carrier* en lugar de *postman* [*cartero*], *chair* en lugar de *chairman* [*presidente*], *firefighter* en lugar de *fireman* [*bombero*]. Otros casos son más aparatosos.

Somebody has forgotten his or her umbrella? [¿*Alguien ha olvidado su paraguas (de él o de ella)?*]

Somebody has forgotten their umbrella? [¿*Alguien ha olvidado su paraguas (de ellos)?*]

No parece vislumbrarse una solución satisfactoria para todo el mundo.

Actitudes sexistas

Aun cuando pudiésemos erradicar estos usos indeseables, no nos libraríamos de las actitudes sexistas. Constantemente leemos cosas como: *Atacó a la mujer de su vecino* (¿la mujer no era su vecina?); *Los pioneros atravesaron las praderas con su ganado, sus semillas y sus esposas* (¿en calidad de qué iban las esposas?).

La nueva directora de The New Yorker es una rubia esbelta e impresionante.

(¿Se describiría así a un director?)

Por detestables que sean estos usos, la mayoría de los lingüistas consideran que su misión fundamental consiste en registrar y describir la lengua tal como es, no en tratar de cambiarla. Es decir que la actitud de los lingüistas es el *descriptivismo*, por contraposición al prescriptivismo analizado antes en este libro. Esto ha sido causa de frecuentes malentendidos acerca de la tarea de los lingüistas.

El descriptivismo

Los no lingüistas nos acusan a menudo a los lingüistas de mantener que «cualquier clase de lengua es igual de buena», sobre todo cuando rehusamos adherirnos a sus furibundas campañas en contra de cualquier cosa que les irrite. Pero se equivocan. Cada lingüista tiene su propia idea de lo que constituye un uso bueno o apropiado en inglés, si bien las ideas de los lingüistas suelen tener mucho más fundamento que las del resto de la gente. Pero existe una gran diferencia entre expresar opiniones y descubrir los hechos, y la tarea fundamental del lingüista consiste en averiguar los hechos. Nadie atacaría a un botánico porque a éste le interese averiguar cómo son las plantas,

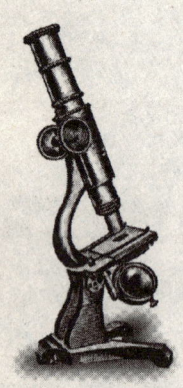

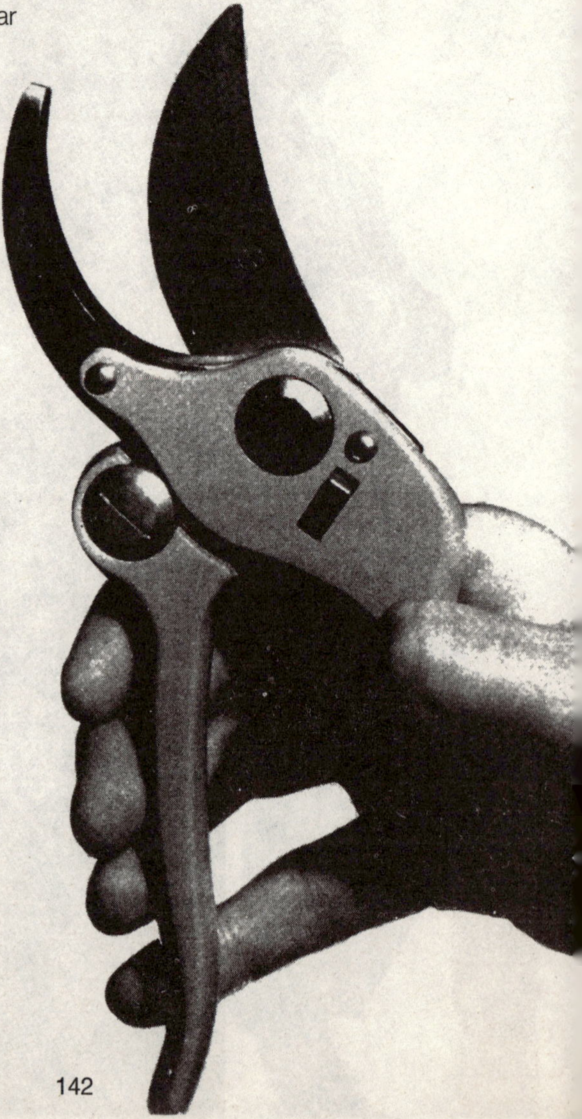

en lugar de crear hermosos jardines.

Trastornos lingüísticos

Todos los ejemplos considerados hasta aquí representan el uso normal del lenguaje. Pero no todo uso del lenguaje es normal. En concreto, nuestro lenguaje puede hacerse anormal o *trastornado* cuando padecemos una lesión cerebral. Esto sucede porque ciertas áreas cerebrales regulan en gran parte el uso del lenguaje y la lesión en dichas áreas trastorna, por tanto, nuestro lenguaje.

El trastorno lingüístico resultante de la lesión cerebral se denomina *afasia* (o *disfasia*), de la que conocemos varios tipos diferentes.

En la década de 1860, el cirujano francés Paul Broca identificó un trastorno particular que hoy se conoce como *afasia de Broca*. Quien padece esta afasia habla muy despacio y con gran esfuerzo, con una gramática muy limitada y con serias dificultades de pronunciación.

EL ENFERMO MANTIENE INTACTA, EN BUENA MEDIDA, SU CAPACIDAD DE COMPRENSIÓN, Y LO QUE DICE TIENE SENTIDO, AUNQUE PUEDA RESULTAR DIFÍCIL DE DESCIFRAR.

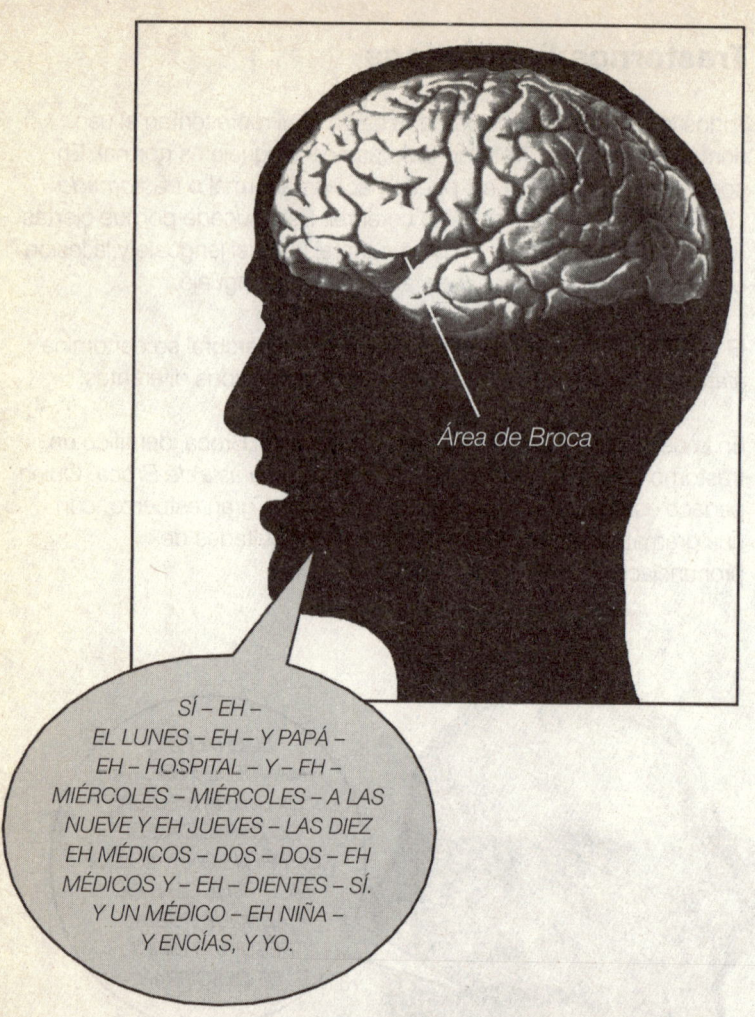

Área de Broca

SÍ – EH –
EL LUNES – EH – Y PAPÁ –
EH – HOSPITAL – Y – FH –
MIÉRCOLES – MIÉRCOLES – A LAS
NUEVE Y EH JUEVES – LAS DIEZ
EH MÉDICOS – DOS – DOS – EH
MÉDICOS Y – EH – DIENTES – SÍ.
Y UN MÉDICO – EH NIÑA –
Y ENCÍAS, Y YO.

La autopsia de ocho de esos pacientes mostró que todos habían sufrido una lesión en un área determinada del lado izquierdo del cerebro, que hoy se conoce como *área de Broca*. Broca supuso que esta área debía ser, pues, la responsable de la estructura gramatical de las oraciones, así como del preciso control muscular de los órganos fonadores. Hoy sabemos que estas conclusiones son correctas.

La afasia de Wernicke

En la década de 1870, el neurólogo austríaco Carl
Wernicke identificó un grupo de pacientes con una forma
muy diferente de afasia, la *afasia de Wernicke*. El
enfermo habla con rapidez y fluidez, con un ritmo y una
entonación normales, pero lo que dice carece de
sentido.

*ADEMÁS, ES INCAPAZ
DE COMPRENDER LO
QUE LE DICEN.*

*SI PUDIERA LO HARÍA.
OH, LO ESTOY INTERPRETANDO
MAL, TODOS ESTOS BARBEROS
CUANDO TE PARAN SIGUE Y SIGUE,
SABES LO QUE TE DIGO, ATAR Y ATAR
PARA LA REPUCER ...REPUCERACIÓN,
BUENO, TRATÁBAMOS DE HACERLO
LO MEJOR POSIBLE AUNQUE EN OTRA
OCASIÓN FUE EN AQUELLAS
CAMAS...*

Área de Wernicke

Las autopsias revelaron que todos los pacientes habían
sufrido lesiones en otra zona del lado izquierdo del
cerebro, hoy llamada *área de Wernicke*, que parece ser
la responsable de la comprensión y del acceso al
vocabulario ordinario.

Neurolingüística

Desde los tiempos de Broca y de Wernicke, la *neurolingüística*, como hoy denominamos el estudio del funcionamiento lingüístico en el cerebro, ha experimentado avances considerables. Hoy ya no hemos de esperar a la autopsia del cerebro de los enfermos: podemos estudiar el comportamiento lingüístico del cerebro de personas vivas, sanas y conscientes usando el escáner cerebral para detectar la actividad. Estas investigaciones han confirmado en líneas generales los resultados precedentes, pero, al mismo tiempo, han surgido nuevos problemas de gran complejidad.

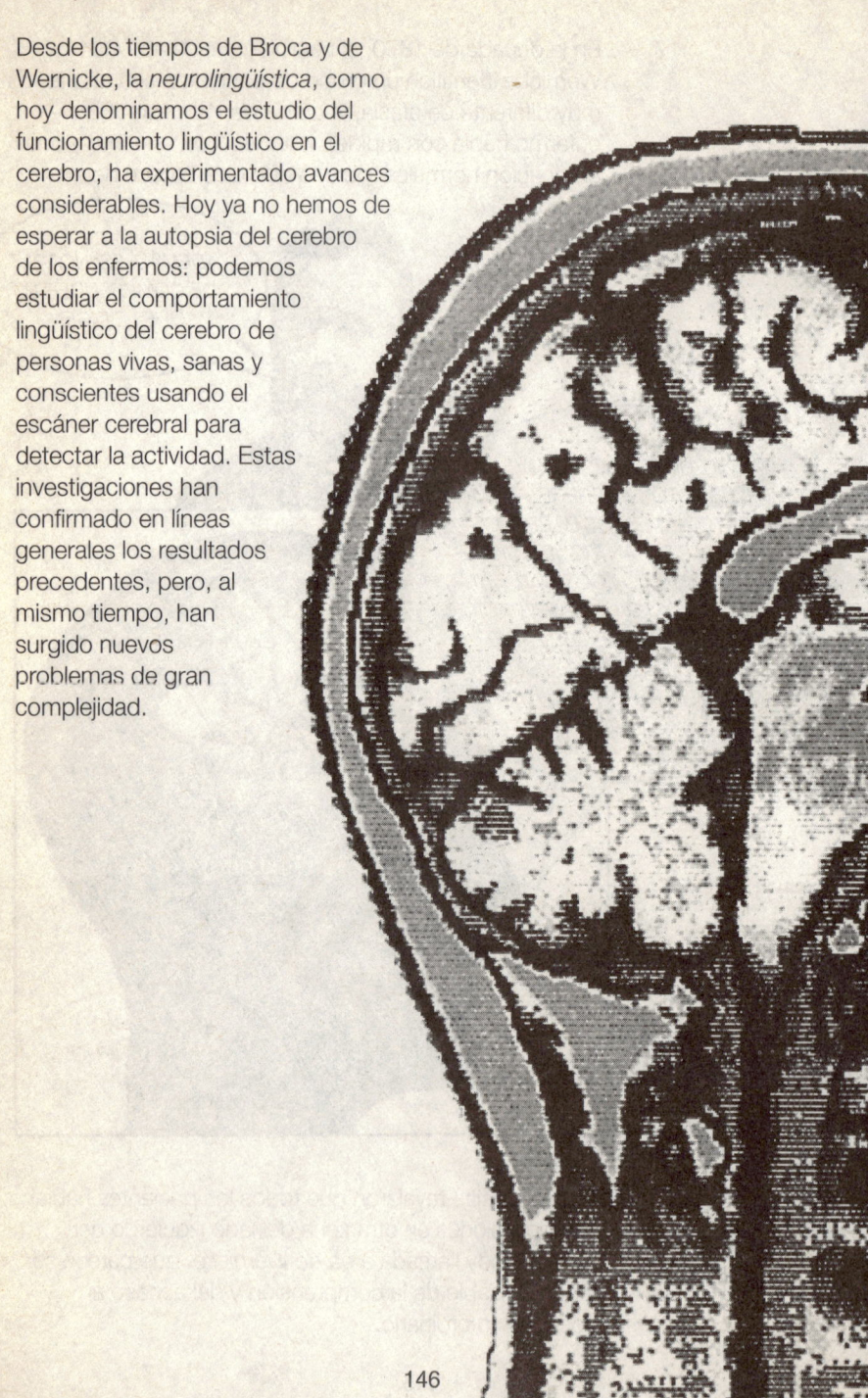

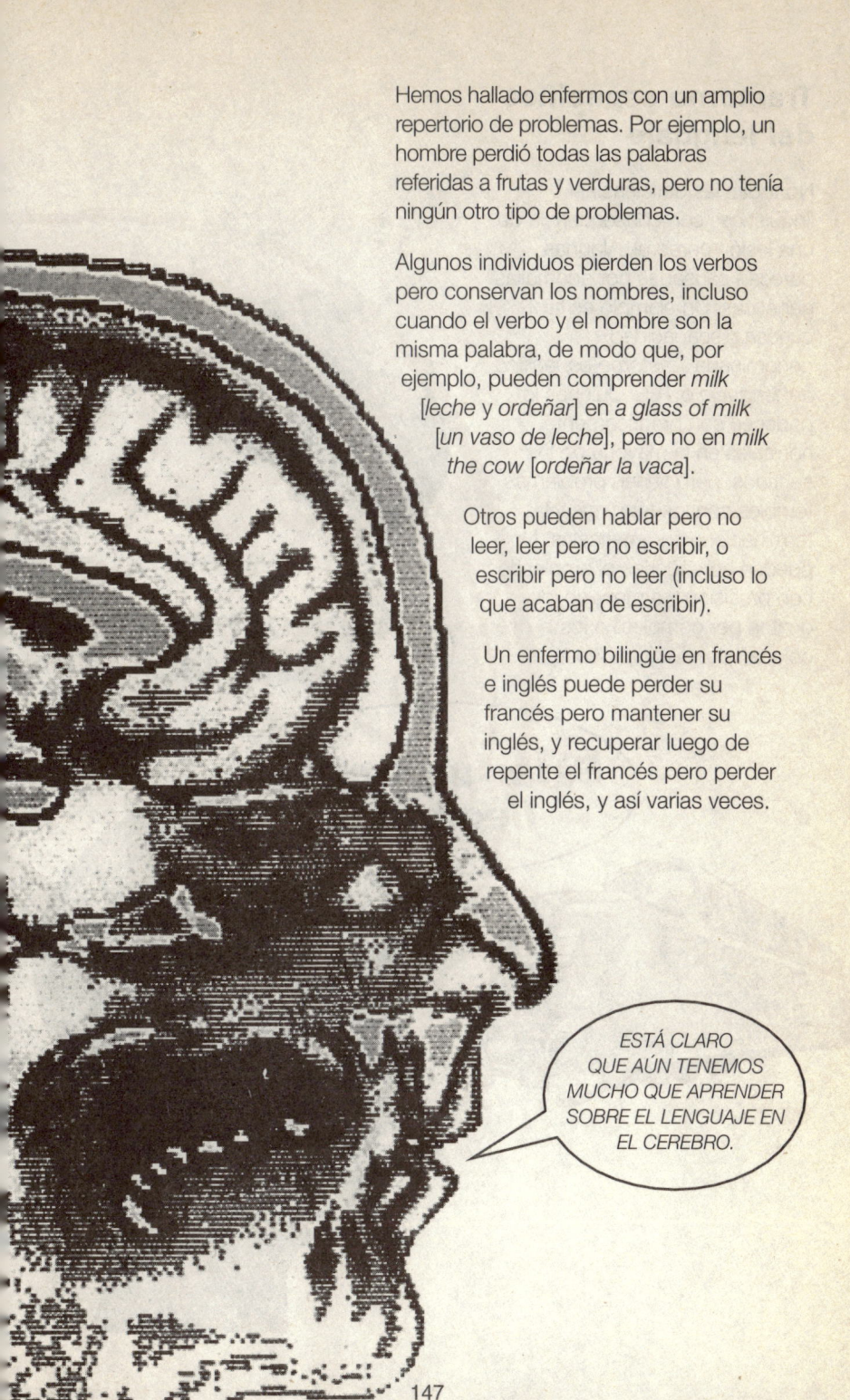

Hemos hallado enfermos con un amplio repertorio de problemas. Por ejemplo, un hombre perdió todas las palabras referidas a frutas y verduras, pero no tenía ningún otro tipo de problemas.

Algunos individuos pierden los verbos pero conservan los nombres, incluso cuando el verbo y el nombre son la misma palabra, de modo que, por ejemplo, pueden comprender *milk* [*leche* y *ordeñar*] en *a glass of milk* [*un vaso de leche*], pero no en *milk the cow* [*ordeñar la vaca*].

Otros pueden hablar pero no leer, leer pero no escribir, o escribir pero no leer (incluso lo que acaban de escribir).

Un enfermo bilingüe en francés e inglés puede perder su francés pero mantener su inglés, y recuperar luego de repente el francés pero perder el inglés, y así varias veces.

ESTÁ CLARO QUE AÚN TENEMOS MUCHO QUE APRENDER SOBRE EL LENGUAJE EN EL CEREBRO.

Trastorno específico del lenguaje

No todas las deficiencias lingüísticas son consecuencia de una lesión cerebral. Algunas parecen causadas por anomalías genéticas. Un ejemplo es la curiosa discapacidad denominada *Trastorno específico del lenguaje* o TEL. Quienes lo padecen son prácticamente normales en la mayoría de los sentidos, pero tienen problemas terribles con los términos y las terminaciones gramaticales. No pueden aprenderlos ni emplearlos con precisión y a menudo los omiten por completo o los colocan donde no procede...

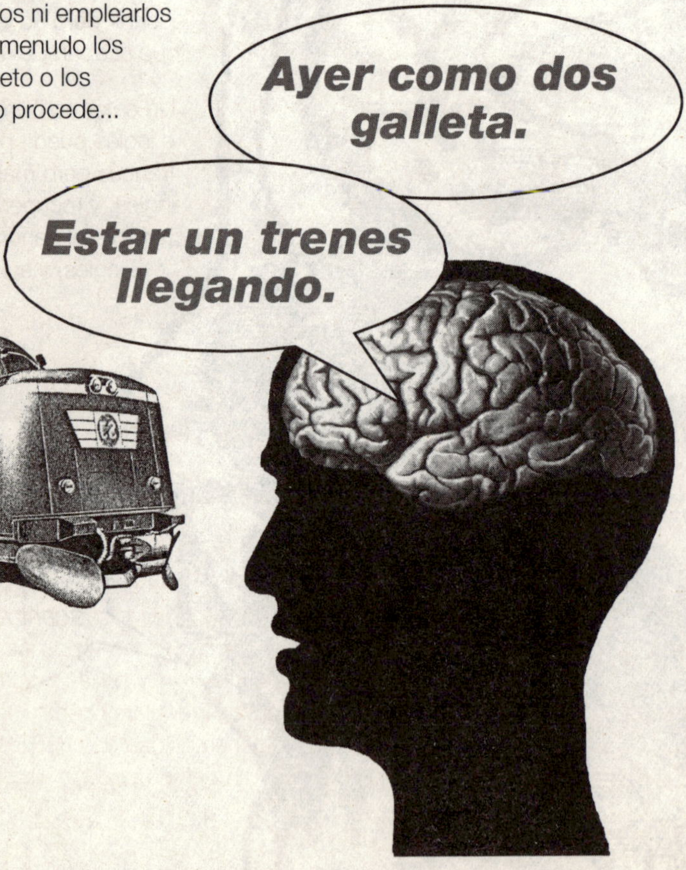

Ayer como dos galleta.

Estar un trenes llegando.

Sorprendentemente, no superan la prueba del *wug* antes descrita: si se les pide que formen el plural de una palabra sin sentido, no tienen ni idea de cuál sería. Con el término *wug*, forman...

o algo igual de sorprendente; a partir de *zat* forman *zacko*; con *zash* forman *zatches*, etc.

Quienes padecen el TEL parecen no haber aprendido nunca que existen reglas para formar cosas como los plurales. Por tanto, han de aprender uno a uno todos los plurales regulares como *dogs* [perros] y *boxes* [cajas], al igual que hacemos todos con los irregulares como *men* [hombres] y *mice* [ratones]. No tienen ni idea de cuál puede ser el plural de un nombre nuevo, pues no pueden echar mano de regla alguna.

El síndrome de Williams

Otra discapacidad lingüística
resultante de un gen
defectuoso es el *síndrome de
Williams*. Quienes padecen
este síndrome presentan
diversas anomalías físicas,
entre las que se incluye una
inusual cara de duende, así
como un grado severo de
retraso mental, que les impide
valerse por sí mismos, y han
de vivir internados. Estos
enfermos no tienen ningún
problema en aprender reglas
lingüísticas: por ejemplo,
aprender a formar plurales
regulares como *books* [*libros*]
y pretéritos regulares como
enjoyed [*disfruté*] con la
misma facilidad que
cualquiera. Pero tienen un
problema lingüístico de otro
tenor.

Les cuesta encontrar las palabras. No es que vacilen o balbuceen —de hecho, suelen hablar a toda velocidad—, sino que suelen elegir las palabras inadecuadas. Así, por ejemplo, alguien aquejado del síndrome de Williams puede decir *parrot* [*loro*] cuando quiere decir *sparrow* [*gorrión*] o *cake* [*pastel*] cuando quiere decir *cookie* [*galleta*]. Asimismo, no es infrecuente que generalicen en exceso las reglas que conocen bien y, como los niños muy pequeños, digan *taked* en lugar de *took* [*cogió*] o *mouses* en lugar de *mice* [*ratones*].

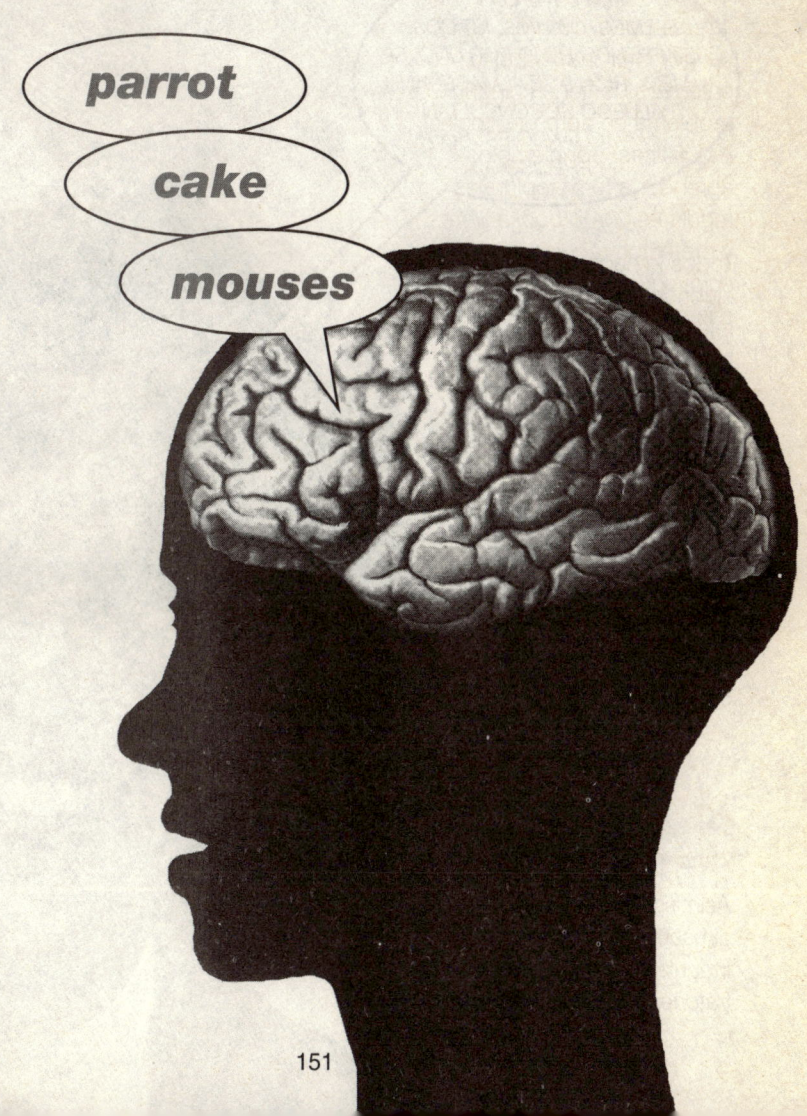

Una visión psicolingüística del lenguaje

En *Words and Rules*, el psicolingüista canadiense Steven Pinker recopila testimonios de la adquisición de la primera lengua, de la conducta adulta normal, y de aquejados del TEL y del síndrome de Williams para desarrollar una teoría general del funcionamiento del lenguaje en la mente. Según Pinker, nuestra facultad lingüística consta de dos componentes importantes y diferenciados.

Un componente es el de **almacenamiento** y **consulta**.

EN ÉSTE, LOS ELEMENTOS LINGÜÍSTICOS SE APRENDEN UNO POR UNO, SE MEMORIZAN, SE ALMACENAN Y LUEGO SE CONSULTAN CUANDO ES PRECISO.

Todos lo hacemos cuando aprendemos palabras referidas a cosas. Los hablantes del inglés deben aprender que cierto animal de hocico grande se llama *pig* [cerdo]; los del galés, que ese animal se llama *mochyn*; los del alemán lo llaman *Schwein*, los del euskera *txerri*, los del yimas (en Nueva Guinea) *numbran*, etc.

Asimismo, aprendemos y almacenamos las formas irregulares, como *mice* [ratones] y *took* [cogió].

El otro componente son las ***reglas*** que construimos durante la adquisición, como (en inglés) «Fórmese el plural añadiendo -*s*» y «Fórmese el participio añadiendo -*ed*».

Ambos componentes son esenciales: las reglas son inútiles si no hemos memorizado cosas a las que aplicarlas, mientras que si prescindiéramos de las reglas, tendríamos que memorizar y consultar absolutamente todo, una ingente tarea.

Un problema de genes defectuosos

Según Pinker (y otros), la discapacidad llamada TEL supone en buena medida un déficit en el componente de las reglas.

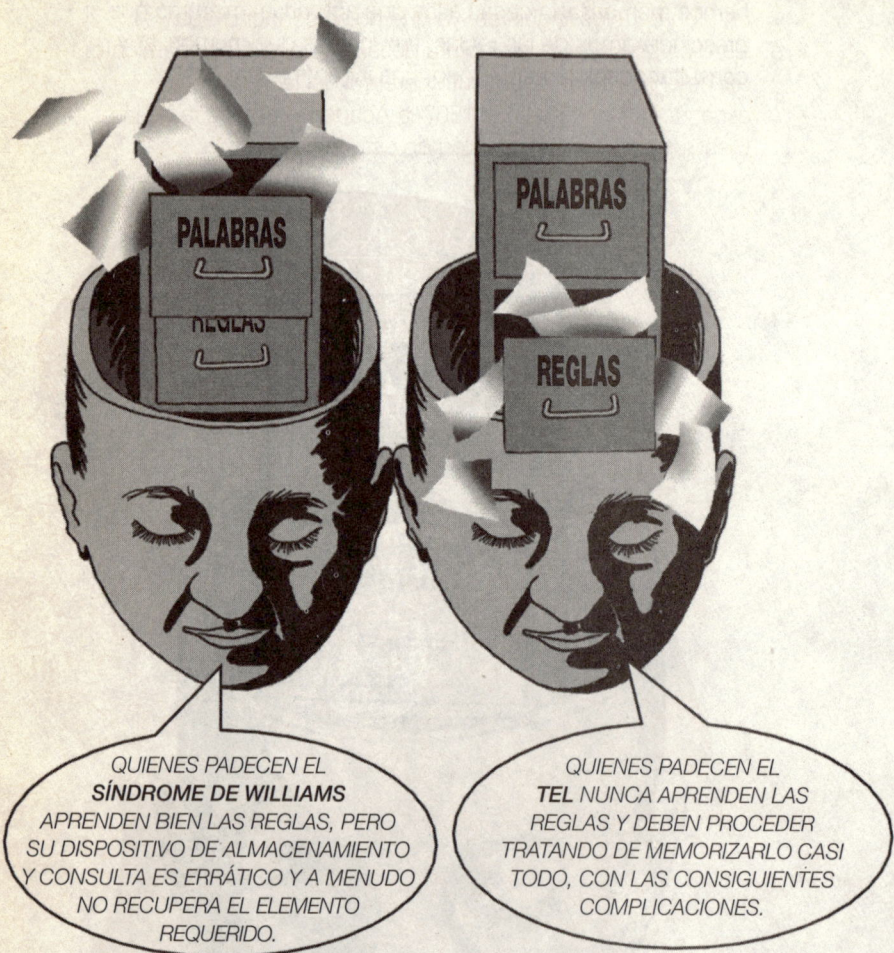

QUIENES PADECEN EL **SÍNDROME DE WILLIAMS** APRENDEN BIEN LAS REGLAS, PERO SU DISPOSITIVO DE ALMACENAMIENTO Y CONSULTA ES ERRÁTICO Y A MENUDO NO RECUPERA EL ELEMENTO REQUERIDO.

QUIENES PADECEN EL **TEL** NUNCA APRENDEN LAS REGLAS Y DEBEN PROCEDER TRATANDO DE MEMORIZARLO CASI TODO, CON LAS CONSIGUIENTES COMPLICACIONES.

Los genetistas han precisado recientemente la localización de dos genes defectuosos implicados en la producción del TEL y del síndrome de Williams. Tal vez lleguemos un día a identificar con exactitud lo que funciona mal en el cerebro cuando estos genes son defectuosos y a comprender así algo del procesamiento cerebral del lenguaje.

¿Cómo se originó el lenguaje?

Ligada a nuestra esperanza de comprender el lenguaje en el cerebro se halla otra esperanza: la de aprender algo sobre el origen del lenguaje. Durante muchos años, este tema constituyó un tabú para los lingüistas, ya que no se conocía nada significativo sobre la estructura de la lengua, el funcionamiento del cerebro, el procesamiento cerebral del lenguaje o la ascendencia humana. En 1867 la Academia Francesa de las Ciencias prohibió la discusión de este tema.

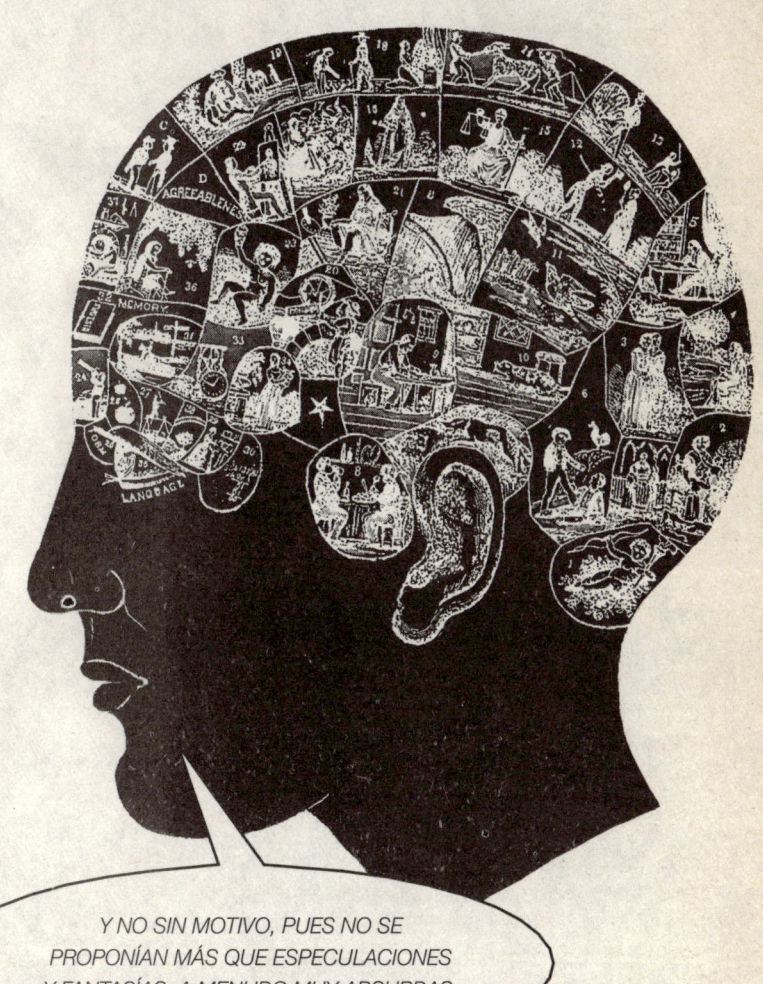

Y NO SIN MOTIVO, PUES NO SE PROPONÍAN MÁS QUE ESPECULACIONES Y FANTASÍAS, A MENUDO MUY ABSURDAS.

¿Qué sabemos hoy?

La situación es hoy mucho más favorable. Los lingüistas pueden decirnos cosas importantes sobre la formación de las lenguas. Los psicolingüistas han hecho grandes progresos en la comprensión del procesamiento mental del lenguaje. Los neurolingüistas y los neurólogos saben hoy bastante sobre la estructura y el funcionamiento cerebral, así como sobre la ubicación y organización del lenguaje en el cerebro. Y los paleoantropólogos han progresado espectacularmente en el desentrañamiento de los orígenes de nuestra especie. Así pues, disponemos de un repertorio de hechos con los que trabajar.

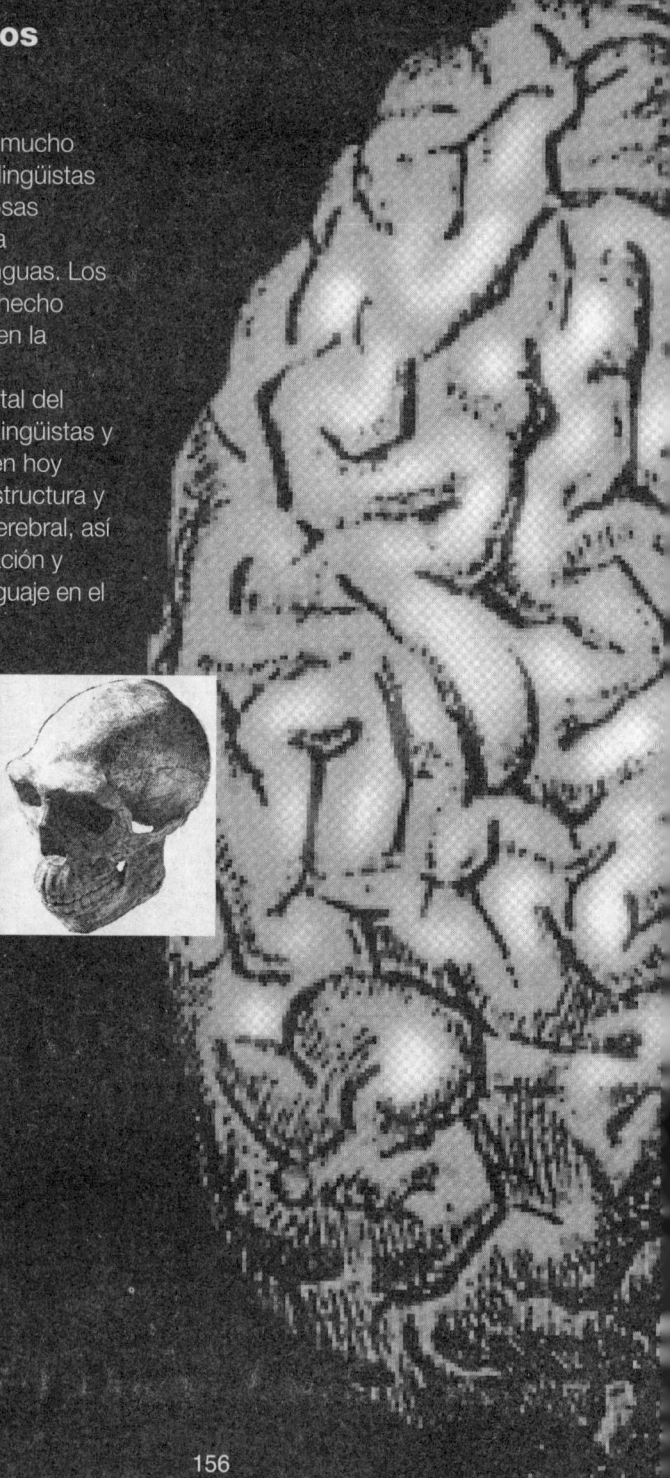

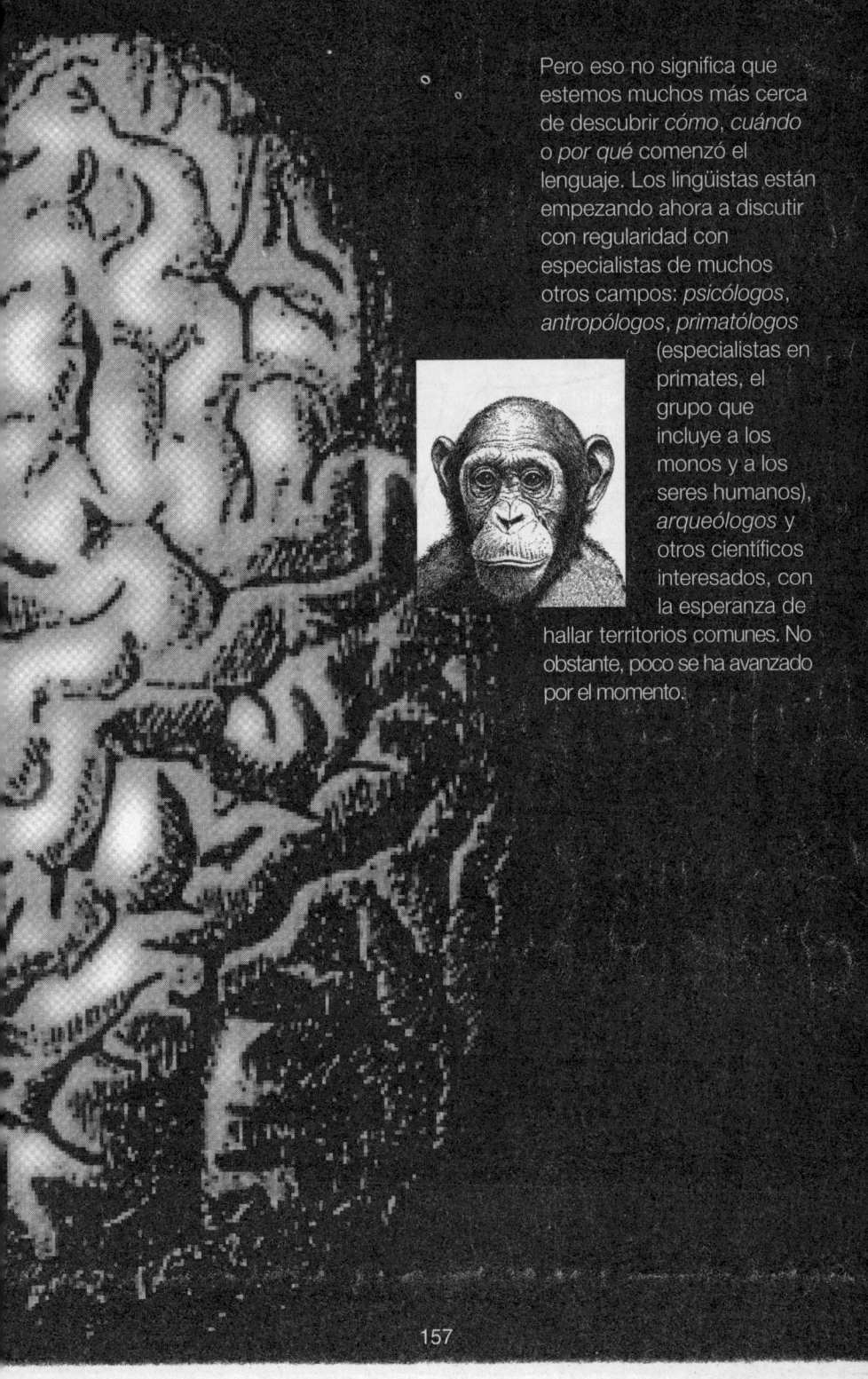

Pero eso no significa que estemos muchos más cerca de descubrir *cómo*, *cuándo* o *por qué* comenzó el lenguaje. Los lingüistas están empezando ahora a discutir con regularidad con especialistas de muchos otros campos: *psicólogos*, *antropólogos*, *primatólogos* (especialistas en primates, el grupo que incluye a los monos y a los seres humanos), *arqueólogos* y otros científicos interesados, con la esperanza de hallar territorios comunes. No obstante, poco se ha avanzado por el momento.

¿Cuándo empezó el lenguaje?

¿Cuánto hace que surgió el lenguaje? Algunos arqueólogos y antropólogos creen que hubo un largo período de estancamiento en la cultura de nuestros antepasados...

...SEGUIDO DE UN SÚBITO Y BRILLANTE FLORECIMIENTO DEL ARTE, LA TECNOLOGÍA Y LA CULTURA HACE UNOS 40-50.000 AÑOS.

Esta fecha debe indicar la primera aparición del lenguaje, pues nada más podría explicar este explosivo desarrollo. Otros, incluidos la mayoría de los lingüistas, concluyen que nuestra facultad lingüística constituye una parte tan esencial de nuestra biología que el lenguaje debió de aparecer con nuestra especie, el *Homo sapiens*, entre 100.000 y 200.000 años atrás.

Por otra parte, algunos antropólogos están convencidos de que los cráneos fósiles de nuestros ancestros homínidos que vivieron hace más de un millón de años, antes de que evolucionara nuestra especie, muestran claras evidencias de las estructuras cerebrales asociadas al lenguaje, como el área de Broca.

CONCLUYEN QUE EL LENGUAJE HA DE SER INCLUSO MÁS VIEJO QUE EL *HOMO SAPIENS*.

No existe consenso al respecto, ya que los nuevos datos disponibles apuntan en direcciones diferentes.

La teoría gradualista

¿Surgió el lenguaje gradualmente o de forma súbita? No lo sabemos. Por un lado, según el psicolingüista Steven Pinker y su colega Paul Bloom, el lenguaje debe de haber surgido lenta y gradualmente, con progresos mínimos, como respuesta a las presiones de la selección natural. Según esta concepción, los primeros homínidos que fueran ligeramente mejores en el uso del lenguaje habrían tenido una ventaja adaptativa sobre sus parientes menos locuaces. Así, habrían sobrevivido mejor y dejado más descendencia, de suerte que los individuos lingüísticamente dotados se habrían adueñado del mundo.

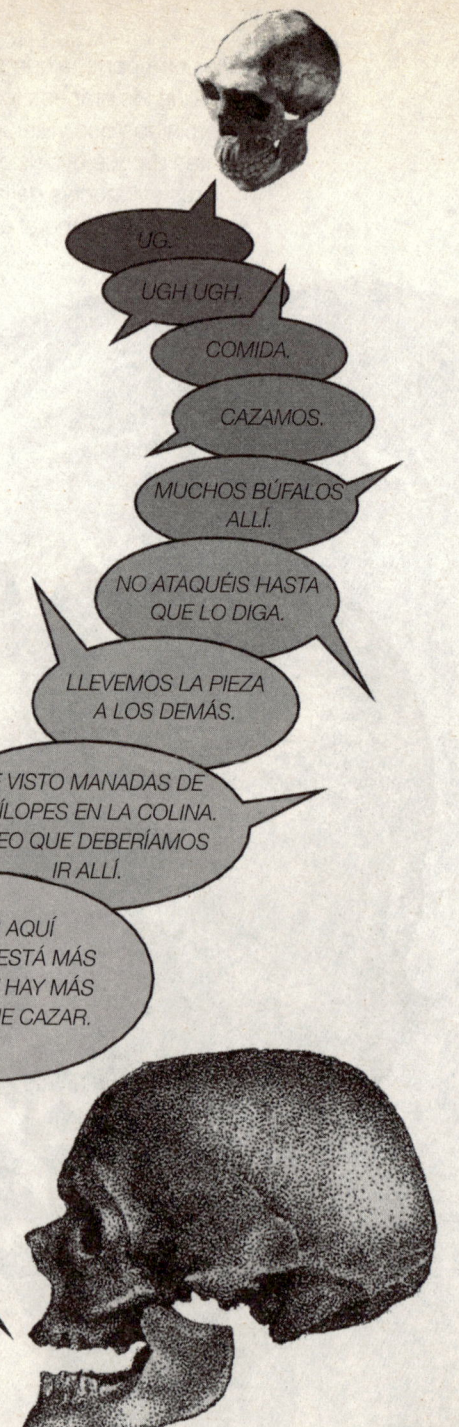

UG.

UGH, UGH.

COMIDA.

CAZAMOS.

MUCHOS BÚFALOS ALLÍ.

NO ATAQUÉIS HASTA QUE LO DIGA.

LLEVEMOS LA PIEZA A LOS DEMÁS.

HE VISTO MANADAS DE ANTÍLOPES EN LA COLINA. CREO QUE DEBERÍAMOS IR ALLÍ.

PASEMOS AQUÍ EL INVIERNO. ESTÁ MÁS PROTEGIDO Y HAY MÁS QUE CAZAR.

AL MEJORAR NUESTRAS DESTREZAS LINGÜÍSTICAS, SOBREVIVIMOS MEJOR. PERO TODO ESTO OCURRIÓ DE MODO LENTO Y GRADUAL.

La teoría catastrofista

Por otra parte, el lingüista estadounidense de origen británico Derek Bickerton ha defendido el surgimiento súbito y catastrófico del lenguaje. A juicio de Bickerton, nuestros antepasados carecieron de lenguaje durante mucho tiempo, pero adquirieron gradualmente las estructuras cerebrales que les permitirían efectuar operaciones mentales cada vez más sofisticadas.

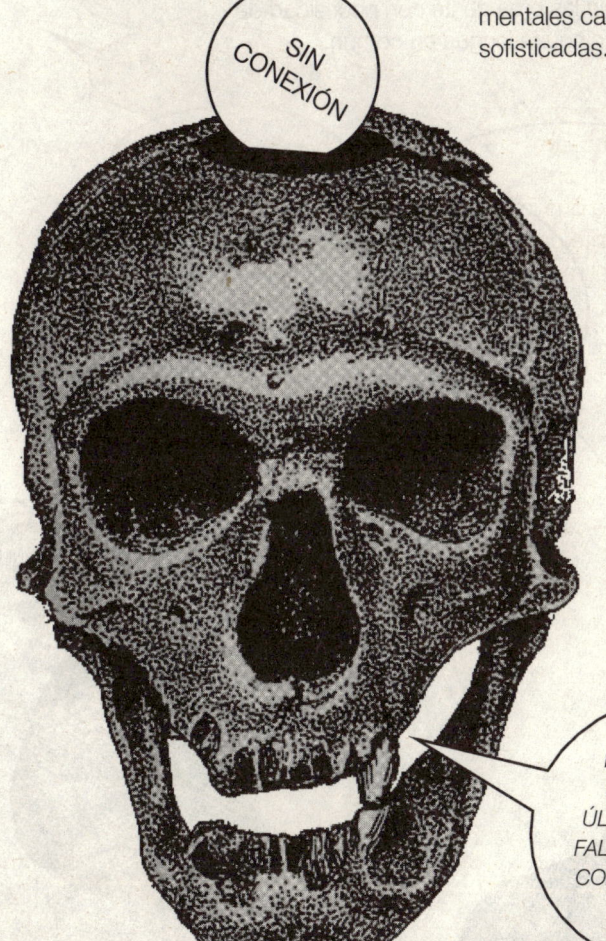

SIN CONEXIÓN

HASTA QUE UN DÍA SE ESTABLECIÓ LA ÚLTIMA CONEXIÓN QUE FALTABA, Y EL LENGUAJE COBRÓ EXISTENCIA CASI DESDE LA NADA.

Crítica de la teoría gradualista

La teoría de Pinker y Bloom plantea la dificultad de imaginar cómo sería un lenguaje parcial. ¿Podemos concebir una «lengua» con nombres pero sin verbos, o con enunciados afirmativos pero sin negativos, o con oraciones de dos palabras pero no de diez, o con nombres pero casi sin gramática? Los lingüistas se resisten a aceptarlo. Jamás se ha hallado en parte alguna una «lengua» semejante, excepto en lo que atañe a la última variante.

Esta última describe las lenguas *pidgin*, que poseen un vocabulario muy reducido y carecen prácticamente de gramática. Como hemos visto, las lenguas *pidgin* las crea gente con necesidad de comunicarse pero sin ninguna lengua en común.

La tesis de Bickerton es que nunca parece observarse nada que esté entre las lenguas *pidgin* y las lenguas auténticas. Bickerton señala otros rasgos relacionados con el *pidgin*. Sistemas muy similares a las lenguas *pidgin* se pueden observar en el comienzo de la adquisición de la lengua materna en niños muy pequeños.

¡MAMA, TETE YO!

También en ciertos individuos que padecen una lesión cerebral. E incluso en chimpancés a los que los científicos se han esforzado en enseñar alguna forma de lenguaje humano.

La conclusión de Bickerton

Bickerton concluye, por consiguiente, que sólo existen dos posibilidades lingüísticas: un rudimentario sistema al estilo del *pidgin*, que designa como protolenguaje, o el auténtico lenguaje humano. Así pues, nuestros antepasados remotos deben de haber saltado del uno al otro de la noche a la mañana, gracias al establecimiento repentino de alguna conexión crucial en el cerebro.

Según Bickerton, los niños adquieren el protolenguaje antes de ingresar en el lenguaje, ciertos individuos con lesiones nunca pasan del protolenguaje, y a nuestros parientes los grandes simios, que nunca lograron establecer esa última conexión determinante en su cerebro, se les puede enseñar a manejar un protolenguaje, pero no una lengua.

Otro ejemplo cognitivo

El debate sigue abierto. Tampoco nos hemos puesto muy de acuerdo hasta ahora sobre si deberíamos concebir el lenguaje como un fenómeno independiente o como una parte integral de nuestra percepción y cognición. Recordemos las ideas de los lingüistas cognitivos, comentadas anteriormente, según las cuales las categorías lingüísticas serían categorías *perceptivas* y *metafóricas*. Y consideremos ahora otro ejemplo del enfoque cognitivo.

En castellano, si decimos que

el gallo está *a la espalda de la casa*

...¿dónde está el gallo?

POR SUPUESTO, ESTÁ DETRÁS DE LA CASA, EN EL LADO OPUESTO AL FRENTE.

De acuerdo. Pero, en varias lenguas, sobre todo en algunas partes de África, cuando se dice que un gallo está (literalmente) «a la espalda de la casa»...

QUEREMOS DECIR QUE ESTÁ EN EL TEJADO.

¿Cómo interpretar esta diferencia?

Metáforas diferentes

Parece que en castellano nos orientamos en términos *humanos*. Y nuestra espalda está detrás de nosotros. Por tanto, algo que está «a nuestra espalda» está detrás de nosotros. Pero no todas las lenguas funcionan igual, es decir, no todas emplean las *mismas metáforas*. Los hablantes de algunas lenguas piensan metafóricamente no en términos de las personas, sino de los animales cuadrúpedos como el búfalo.

¿Y DÓNDE ESTÁ UN GALLO QUE ESTÁ «A LA ESPALDA» DE UN BÚFALO? EN EFECTO: **ENCIMA** *DE ÉL.*

Así pues, la elección de una metáfora diferente otorga sentidos distintos a una misma palabra. Los lingüistas cognitivos sostienen que en una lengua humana no puede expresarse casi nada sin valerse de una metáfora.

De hecho, lingüistas como Robins Burling sostienen que es un error concebir el lenguaje como un medio de comunicación. Propone que es preferible verlo como un modo de organizar el mundo, de construir y organizar las representaciones mentales. Según esta concepción, nuestra capacidad de comunicarnos con el lenguaje es un mero subproducto de nuestra cognición lingüística, aunque ciertamente de gran valor.

Pero seguimos sin saber casi nada sobre la aparición del lenguaje. Naturalmente, este vacío lo llena un sinfín de especulaciones, a menudo proferidas con convicción, e incluso con estridencia.

Especulaciones contradictorias

Hay quien defiende que nuestros ancestros remotos debían de expresarse con gestos antes de poder hablar y que el habla debe de haber surgido de los gestos.

PARA OTROS EL LENGUAJE SURGIÓ ESPECÍFICAMENTE PORQUE RESULTABA VALIOSO PARA LA FABRICACIÓN Y EL MANEJO DE HERRAMIENTAS...

...O PORQUE EL HABLA ERA UN MODO MARAVILLOSAMENTE EFECTIVO DE ATRACCIÓN SEXUAL...

...O POR NUESTRO DESEO DE CHISMORREAR...

...O PORQUE EL HABLA LIBERABA NUESTRAS MANOS, AL TIEMPO QUE NOS PERMITÍA SEGUIR PRESTÁNDONOS MUCHA ATENCIÓN MUTUAMENTE.

Esta última interpretación concibe el habla como una suerte de cuidado oral, que sustituye los cuidados constantes que hoy vemos en los simios.

Los propósitos del lenguaje

Lo mejor que cabe decir sobre estas interpretaciones en pugna
es que todas ellas son sumamente inverosímiles. Es muy improbable
que el lenguaje surgiera para servir *un* propósito particular y que
sólo más tarde descubrieran nuestros antepasados que también
cabía recurrir a él con *otros* propósitos. De hecho empleamos el
lenguaje para una amplia gama de fines. He aquí algunos de ellos:

- **transmitir información**

- **persuadir a los demás para que hagan cosas**

- **convencer a los demás para que crean cosas**

- **entretener a los demás**

- **divertirnos**

- **mantener y exhibir nuestra posición social**

- **expresar nuestra individualidad**

- **expresar nuestra emoción**

- **mantener buenas (o malas) relaciones con los demás**

Pocos lingüistas creen que nuestros antepasados desarrollaran el lenguaje simplemente para desempeñar una de estas numerosas funciones, para luego descubrir de manera accidental que podían usarlo para un par de cosas más. El lenguaje es algo más rico y más profundamente arraigado en nuestra existencia.

Recordemos que es lo que nos distingue de modo más evidente de todos los demás habitantes de este planeta.

POR ENCIMA DE TODO, EL LENGUAJE ES LO QUE NOS HACE HUMANOS.

Y, PESE A NUESTROS EVIDENTES E IMPRESIONANTES PROGRESOS EN LA COMPRENSIÓN DE SU NATURALEZA, AÚN HEMOS DE RECORRER UN LARGO CAMINO PARA LLEGAR A AFIRMAR QUE SABEMOS QUÉ ES EL LENGUAJE.

Para seguir leyendo

Quien quiera saber más sobre lingüística, puede empezar por este libro ameno e informal:

R. L. Trask, *Language: The Basics*, Londres, Routledge, 1999 (2ª ed.).

Pasando ya al libro de texto, he aquí un manual elemental:

Jean Aitchison, *Teach Yourself Linguistics*, Londres, Hodder, 1992 (4ª ed.).

Más extenso, pero todavía elemental, es:

George Yule, *The Study of Language*, Cambridge, Cambridge University Press, 1996 (2ª ed.) (trad. cast.: *El lenguaje*, Madrid, Cambridge University Press, 1998).

Un libro más extenso aún, pero brillantemente escrito, es:

Victoria Fromkin y Robert Rodman, *An Introduction to Language*, Fort Worth, Harcourt Brace, 1988 (6ª ed.).

La primera obra de referencia para consulta es esta enciclopedia espléndidamente ilustrada:

David Crystal, *The Cambridge Encyclopedia of Language*, Cambridge, Cambridge University Press, 1997 (2ª ed.) (trad. cast.: *Enciclopedia Cambridge del lenguaje*, Madrid, Taurus, 1994).

Para quien tenga interés por la historia de la lingüística, son muchos los libros disponibles, pero no todos ellos son de fácil lectura. Para el período anterior al siglo xx, propongo éste:

R. H. Robins, *A Short History of Linguistics*, Londres, Longman, 1967 (trad. cast.: *Breve historia de la lingüística*, Madrid, Thomson Paraninfo, 1992).

El siglo xx es más difícil, pero puede probarse con éste, que es algo selectivo:

Geoffrey Sampson, *Schools of Linguistics*, Londres, Hutchinson, 1980.

Una recopilación de ensayos entretenidos y divulgativos sobre temas recientes y polémicos la encontramos en:

Jay Ingram, *Talk, Talk, Talk*, Londres, Penguin, 1992.

El manual más asequible sobre psicolingüística y la adquisición infantil del lenguaje es:

Jean Aitchison, *The Articulate Mammal*, Londres, Routledge, 1998 (4ª ed.) (trad. cast.: *El mamífero articulado: introducción a la psicolingüística*, Madrid, Alianza, 1992).

El siguiente libro es una introducción al lenguaje y al cerebro:

Loraine K. Obler y Kris Gjerlow, *Language and the Brain*, Cambridge, Cambridge University Press, 1999 (trad. cast.: *El lenguaje y el cerebro*, Madrid, Cambridge University Press, 2001).

Existen dos introducciones vivaces a la lingüística antropológica:

Nancy Bonvillain, *Language, Culture, and Communication*, Englewood Cliffs, Prentice Hall, 1993.

Gary B. Palmer, *Toward a Theory of Cultural Linguistics*, Austin, University of Texas Press, 1996 (trad. cast.: *Lingüística cultural*, Madrid, Alianza, 2000).

Un libro elemental sobre el cambio lingüístico es:

R. L. Trask, *Language and Change*, Londres, Routledge, 1994.

Finalmente, una obra espléndida sobre las lenguas del mundo en lujosa edición de gran formato:

Bernard Comrie y otros, *The Atlas of Languages*, Londres, Bloomsbury, 1997.

Índice analítico y de nombres

Biografías

R. L. Trask es catedrático de Lingüística en la Universidad de Sussex. Especialista en lingüística histórica y en lengua euskera, es autor de numerosos libros, entre los que se incluyen *Language: The Basics*, *Language Change*, *Historical Linguistics*, *The History of Basque* y *A Student's Dictionary of Language and Linguistics*.

Bill Mayblin estudió diseño gráfico en el Royal College of Art de Londres. Es socio principal del estudio de diseño Information Design Workshop de Londres.